ENCYCLOPÉDIE DE L'ENSEIGNEMENT PRIMAIRE

publiée sous la direction

De B. SUBERCAZE

INSPECTEUR PRIMAIRE, OFFICIER D'ACADÉMIE.

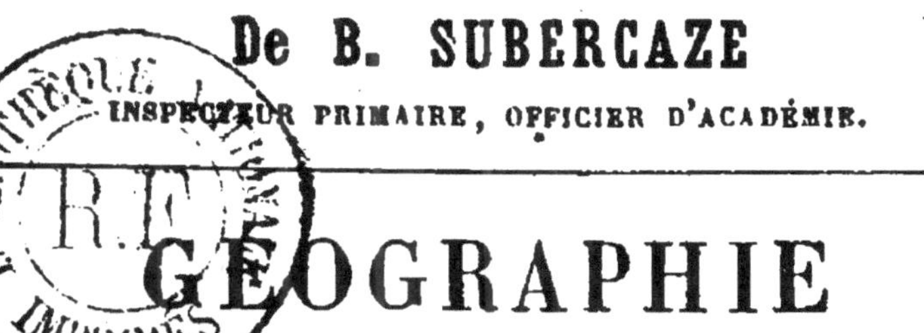

GÉOGRAPHIE

à l'usage des élèves des écoles primaires.

———

COURS ÉLÉMENTAIRE

accompagné de petits devoirs et orné de cartes
et de gravures.

———

PARIS

IMPRIMERIE ET LIBRAIRIE CLASSIQUES

MAISON JULES DELALAIN ET FILS

DELALAIN FRÈRES, Successeurs

56, RUE DES ÉCOLES.

TABLE DES CHAPITRES.

PRÉFACE.

Les instructions officielles et l'organisation pédagogique de la Seine prescrivent de commencer l'étude de la géographie par la commune même, et de renoncer à suivre la méthode qui se bornait à faire apprendre par cœur, aux élèves des écoles primaires, la nomenclature des contrées, des mers, des fleuves, des montagnes du monde entier.

De l'avis de tous, il conviendrait, avant d'aborder sérieusement cette étude de la géographie, d'y préparer les enfants en arrêtant leur attention sur les accidents géographiques qu'ils ont sous les yeux, et en leur faisant comprendre, par des exemples à leur portée, la signification exacte des différents termes de la nomenclature géographique. Il faudrait commencer par leur faire connaître la portion du territoire, la contrée même qu'ils habitent. On part du lieu où est située l'école et l'on fait faire la description topographique des environs par les élèves eux-mêmes. Si une rivière passe dans les environs, on remonte à sa source et l'on descend jusqu'à l'endroit où elle se jette dans un autre cours d'eau. Puis on peut nommer le fleuve où elle se perd et suivre celui-ci jusqu'à la mer, après avoir remonté également jusqu'à sa source. On est ainsi amené graduellement à parler des montagnes, du sein desquelles jaillissent les sources des fleuves, incessamment alimentées par les neiges et les pluies. Les enfants comprendront qu'au delà des hauteurs qui bornent l'horizon, il y a d'autres régions où vivent d'autres habitants. On leur montre alors les chemins qui lient entre elles les communes d'un même canton. On suit un de ces chemins jusqu'à la route qu'il va rejoindre, puis cette route elle-même jusqu'à la ville où elle aboutit. Ces notions conduisent à l'étude de tous les moyens de communication et de transport que les hommes ont imaginés, ou qu'offre la nature, chemins, routes, canaux, rivières, fleuves, chemins de fer. Tout cela doit se faire en employant le moins de noms propres et de mots techniques qu'il sera possible. On apprend ensuite aux enfants à s'orienter d'après le lever du soleil, plus tard d'après l'étoile polaire et la boussole ; on leur fait chercher dans les environs, à des distances à peu près égales, quatre objets bien apparents, comme des arbres très-élevés, une colline, un clocher, qui puissent marquer, relativement au centre où l'on est placé, les quatre points cardinaux. Après cela, on transporte tous ces points sur le tableau noir, en indiquant au milieu l'endroit où se trouve l'école et en exprimant les autres points par des signes analogues. Il n'y a plus qu'à marquer les chemins qui partent de la commune, les cours d'eau qui arrosent les environs, les collines ou les montagnes, les fermes, les hameaux, les villages, tous les objets un peu remarquables qui seront à la portée de la vue ; et la carte topographique de la commune, du canton, sera ébauchée. On fait enfin observer aux enfants que, sur le tableau, le Nord est en haut, le Midi en bas, le Levant à droite, le Couchant à gauche, et que les points intermédiaires correspondent exactement aux quatre angles du tableau. De cette manière les élèves seront mis en état de comprendre facilement les cartes, et ils seront préparés à étudier fructueusement la géographie générale.

Il est indispensable en même temps, pour ajouter de l'intérêt à cette étude, de donner aux enfants une idée de l'organisation administrative, à tous les degrés, de la commune, du canton, de l'arrondissement, du département, de la France entière ; de leur faire remarquer que tout s'enchaîne, se complète, et qu'il faut que chaque citoyen travaille, produise, afin de contribuer pour sa part aux frais immenses qú'exige l'administration de l'État.

C'est avec la plus grande confiance que nous offrons aux maîtres et aux maîtresses ce cours élémentaire de géographie ; ils y verront, nous l'espérons, la mise en pratique des idées ci-dessus et une nouvelle preuve de notre désir de faciliter leur tâche et de servir la cause bien entendue du progrès scolaire.

B. S.

NOTIONS DE GÉOGRAPHIE.

COURS ÉLÉMENTAIRE.

CHAPITRE Ier.

La commune.

1. Qu'est-ce qu'une commune?

On appelle *Commune* une réunion de familles, rassemblées sur une certaine étendue du terri-toire, unies par des intérêts communs, adminis-trées par un maire et un conseil municipal. La France compte environ trente-six mille communes.

2. Par quels noms désigne-t-on les communes?

Les communes sont désignées par les noms de *ville, bourg, village*. On appelle *commune rurale* le village ou le bourg, et *commune urbaine* la ville.

3. Quand une commune porte-t-elle le nom de ville? de bourg? de village?

Une *Ville* est un assemblage d'un grand nom-bre de maisons disposées par rues, et ayant beau-coup d'habitants, comme *Paris, Lyon, Bor-deaux*, etc.

Un *Bourg* est une petite ville ayant un marché régulier et des foires.

Un *Village* est un groupe d'habitations composé principalement de maisons d'agriculteurs.

4. De quoi se compose une commune ?

Une commune, *ville*, *bourg* ou *village*, se compose non-seulement des maisons et des fermes,

COMMUNE.

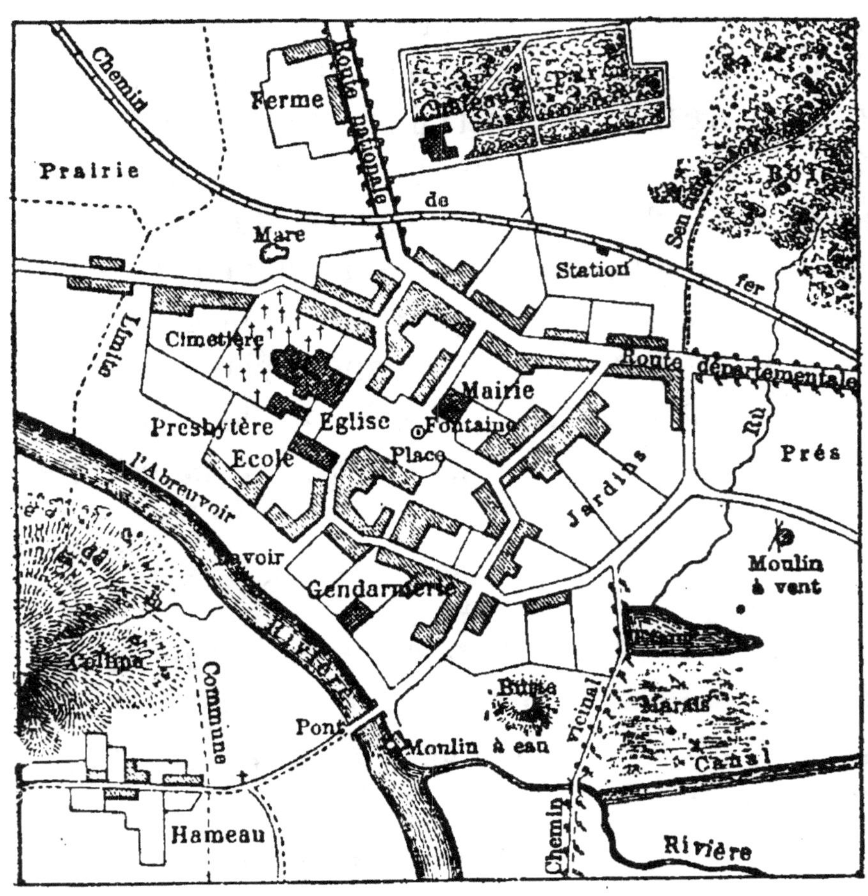

Fig. 1.

mais encore des terres qui les entourent, c'est-à-dire des jardins, des champs, des prairies, des vignes, bois, pâturages, landes, bruyères, *etc.*, qui dépendent des habitations, et qui forment le territoire de la commune (*fig.* 1).

5. Qu'est-ce qu'un hameau ?

Un *Hameau* est un petit groupe de maisons écartées d'une commune, et se rattachant, pour former une paroisse, à une commune ou section de commune.

6. Qu'appelle-t-on propriété, propriétaire ?

On appelle *propriété* le bien, la terre, les maisons, et *propriétaire* celui qui possède.

7. Par quoi les propriétés sont-elles séparées ?

Les terres appartenant à divers propriétaires sont séparées par des haies, des fossés, des chemins, des lignes, *etc.*, mais surtout par des bornes ou grosses pierres enfoncées solidement dans le sol. Nul n'a le droit de déplacer une borne sans le consentement de son voisin. Celui qui se rendrait coupable de cet acte serait poursuivi devant les tribunaux et sévèrement puni. Les Contrées, les États, sont également limités par des frontières établies de concert entre deux peuples voisins.

8. Par quoi les communes sont-elles bornées ?

Les communes sont bornées par d'autres

communes et mises en communication entre elles au moyen de chemins ou de routes.

9. Par quels noms désigne-t-on les chemins et les routes ?

Les chemins destinés à unir deux ou plusieurs villages sont dits *ruraux, vicinaux* ou *d'intérêt commun ;* ils sont établis et entretenus aux frais des communes qu'ils desservent.

Les *routes* sont en général plus larges que les *chemins* et se divisent en routes *départementales* et en routes *nationales*. Les routes *départementales* sont faites et entretenues par les départements ; les routes *nationales* sont faites et entretenues par l'État. Les routes nationales partent de Paris et se dirigent vers tous les points de nos frontières. La longueur des chemins et des routes s'exprime en *kilomètres* et en *lieues* [1].

[L'élève remplacera les ..... des exercices suivants par les mots convenables.]

1ᵉʳ Exercice.

On appelle commune une ..... de ...... rassemblées sur une ..... du territoire, unies par des .....

1. Le maître tracera lui-même sur le tableau noir le plan de l'école, puis celui du quartier ou de la commune, d'après les modèles que nous donnons, et s'appliquera à y faire voyager les élèves à l'aide de la baguette.

communs, administrées par un ..... et un .....
La France compte environ ..... communes.

Les communes sont désignées par les noms de....,
....., ...

On appelle commune rurale le .... ou..., et commune ..... la ville.

Une ville est un ..... d'un grand nombre de ....,
disposées par ...., et ayant beaucoup d'....., comme
.....

Un bourg est une ..... ayant un..... régulier et des
.....

Un village est un ..... d' .... composé principalement de ..... d'.....

Une commune, ville .... ou ...., se compose non-
seulement des.... et des fermes, mais encore des.....
qui les entourent, c'est-à-dire des ...., des ..... des
...., des vignes, bois...., landes, ..., *etc.*, qui dépendent des...., et qui forment le ..... de la .....

Un hameau est un petit ..... de ..... écartées d'une
commune, et se rattachant pour former une.... à
une commune ou section de commune.

2ᵉ Exercice.

On appelle propriété le bien , la ...., les ...., et
propriétaire celui qui .....

Les terres appartenant à divers ..... sont séparées
par des ...., des...., des chemins, des .... *etc.*, mais
surtout par des ..... ou grosses ..... enfoncées solidement dans le ..... Nul n'a le droit de déplacer une ...
sans le .... de son ..... Celui qui se rendrait coupable

de cet..... serait ..... devant les ..... et sévèrement
..... Les Contrées, les États, sont également .....
par des ...... établies de ...... entre deux ......
voisins.

3e Exercice.

Chemins et Routes. — Les communes sont .....
par d'autres ..... et mises en ..... au moyen de .....
ou de ..... Les chemins destinés à .... deux ou plu-
sieurs•..... sont dits ...., vicinaux ou d' .... ; ils sont
..... et ..... aux frais des ..... qu'ils ..... Les routes
sont en général plus.... que les .... et se.... en .....
départementales et en ..... nationales. Les routes
..... sont faites et ..... par les départements ; les
routes ..... sont faites et ..... par .....

CHAPITRE II.

Administration de la commune.

10. Quel est le chef naturel de la famille ?

Toute famille a un chef naturel, le père,
chargé de diriger les affaires, d'être le guide, le
soutien des parents ou enfants placés sous son
autorité.

Les habitants d'une commune sont destinés à
vivre et à mourir les uns à côté des autres ; ils
doivent ne former qu'une même famille, s'aimer,
se prêter une assistance mutuelle, rester unis,
comme de véritables frères.

11. La commune n'a-t-elle pas un chef ?

Comme la famille, toute commune, ville, bourg ou village, a un chef appelé *Maire,* chargé de la tenue des actes de l'état civil, de l'administration des biens communaux, de l'exécution des lois et des règlements de police, de l'ordonnancement des dépenses communales, du maintien de l'ordre ; il sert d'intermédiaire entre l'autorité supérieure et les habitants. Le maire est assisté d'un *Conseil municipal,* qui comprend *dix membres* dans les plus petits villages [1], *trente-six* dans les grandes villes, et d'un ou de plusieurs *Adjoints,* chargés de le remplacer en cas de maladie ou d'absence. Le maire est secondé dans son administration par le *secrétaire de la mairie,*

1. Sous le rapport du nombre des conseillers municipaux, les communes sont partagées en dix catégories.

De	500 habitants et au-dessous	10	conseillers.
De	501 à 1,500	12	»
De	1,501 à 2,500	16	»
De	2,501 à 3,500	21	»
De	3,501 à 10,000	23	»
De	10,001 à 30,000	27	»
De	30,001 à 40,000	30	»
De	40.001 à 50,000	32	»
De	50,001 à 60,000	34	»
De	60,001 et au-dessus	36	»

La ville de Paris, par exception, a 80 conseillers. Les autres grandes villes de France n'en ont que 36.

le *garde champêtre*, les *agents de police*, la *gendarmerie*, etc.

12. Par qui les conseillers municipaux, le maire et les adjoints sont-ils nommés ?

Les membres du conseil municipal sont nommés par les *électeurs* de la commune, c'est-à-dire par tous les hommes âgés de vingt et un ans et au-dessus, et jouissant de leurs droits civils et politiques, n'ayant par conséquent subi aucune condamnation pour délit grave ou volontaire. Dans les communes *rurales* le maire et l'adjoint sont nommés par leurs collègues du conseil; dans les communes *urbaines* ils sont nommés par le Pouvoir exécutif, qui les choisit parmi les membres du conseil municipal.

13. Qu'est-ce que la mairie ?

La *mairie*, ou *maison commune*, ou *hôtel de ville*, est la maison où se réunissent les membres du conseil municipal, assemblés, sous la présidence du maire ou de l'adjoint, pour s'occuper des affaires de la commune. Les sessions ont lieu à des époques fixées par le préfet du département; elles ne peuvent avoir lieu autrement. Lorsque survient quelque affaire grave ou imprévue, le maire convoque le conseil après en avoir obtenu l'autorisation du préfet ou du sous-préfet.

Quand le conseil est appelé à voter une imposition extraordinaire, il est assisté, en nombre égal à celui des membres élus, des principaux propriétaires, dits *plus fort imposés*.

Outre le *conseil municipal* et les *plus fort imposés*, chaque localité fournit des *répartiteurs* ou commissaires, au nombre de sept, y compris le maire et l'adjoint, chargés d'assister le percepteur et le contrôleur dans la répartition des contributions entre les habitants de la commune, suivant leur position et leur qualité.

14. Pourquoi désigne-t-on quelquefois la commune sous le nom de paroisse?

Sous le rapport de la religion catholique, toute commune forme une ou plusieurs *paroisses*. Quelquefois deux petites communes sont réunies en une seule paroisse. A la tête de la paroisse se trouve le *Curé*, secondé par un ou plusieurs *Vicaires*, selon le besoin. Les curés et les vicaires sont nommés par l'*Archevêque* ou l'*Évêque*, administrateur du diocèse.

A chaque église paroissiale est attaché un *Conseil de fabrique*, dont le curé et le maire sont membres de droit. Ce conseil est chargé de l'administration des biens et revenus de l'église, ainsi que de la fixation des dépenses annuelles.

15. Qu'est-ce que la maison d'école ?

La maison d'école est un établissement construit et entretenu par la commune avec le concours du département et de l'État, et qui

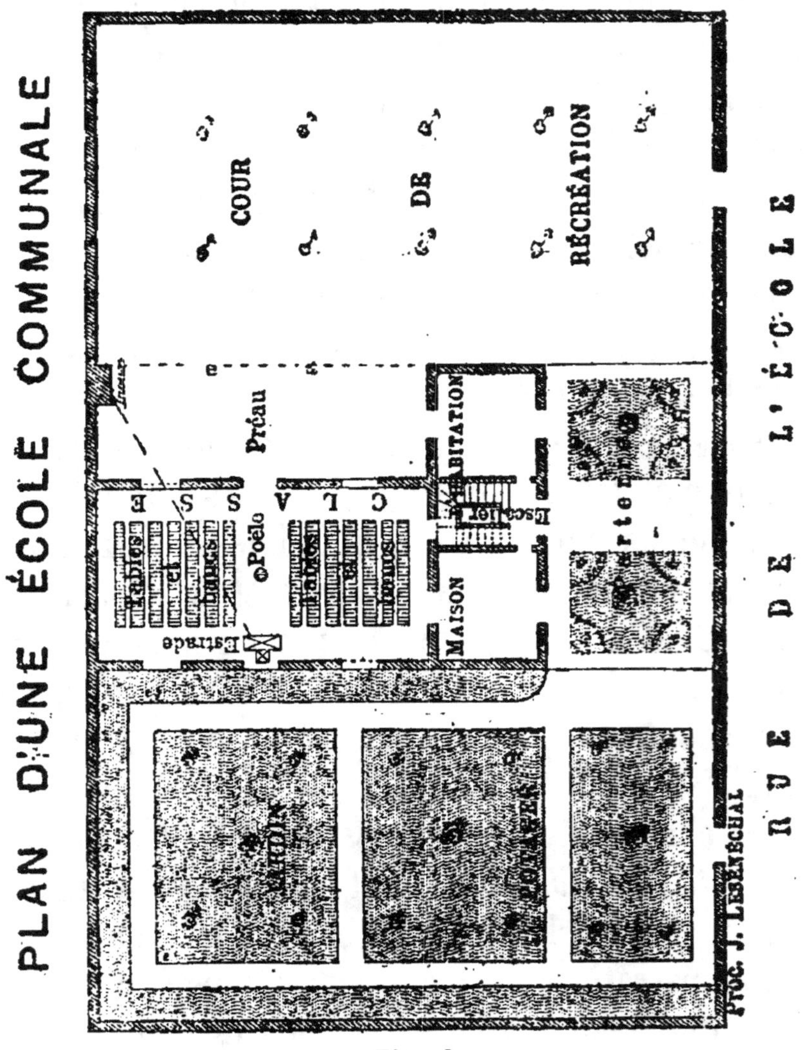

Fig. 2.

renferme des classes pour l'enseignement des garçons et des filles (*fig*. 2). Les enfants s'y rendent dans le but d'apprendre ce qui pourra leur être utile plus tard, pour devenir de bons citoyens. Dans chaque commune ayant plus de cinq cents habitants se trouvent un instituteur et une institutrice au moins. Les petites localités n'ont que des écoles mixtes, c'est-à-dire communes aux garçons et aux filles, et dirigées en général par une institutrice.

16. Quels services les habitants d'une commune se rendent-ils les uns aux autres ?

Les habitants de la moindre commune, de même que ceux des grandes villes, ont un constant besoin les uns des autres : ainsi, pendant que le *cultivateur* se livre exclusivement au travail de la terre pour en obtenir les matières premières indispensables à la vie de tous les hommes, le *forgeron*, le *charron*, le *taillandier*, le *bourrelier*, façonnent les instruments et outils de culture ; le *maçon*, le *charpentier*, le *menuisier*, le *serrurier*, construisent les habitations ; le *meunier*, le *boulanger*, le *boucher*, le *tisserand*, le *tailleur*, le *tanneur*, le *corroyeur*, le *cordonnier*, transforment les produits du sol ou de l'élevage en choses nécessaires à la nourriture ou au vêtement; le *commerçant* va chercher ou fait venir, souvent de très-loin, le sel, l'huile, le vinaigre, le café, le sucre, *etc*. C'est ainsi que les ouvriers de toutes les professions se livrent à un travail incessant, dont ils se sont fait une spécialité, pendant que l'homme des champs cultive pour tous le blé qui doit nous nourrir.

[L'élève remplacera les ..... des exercices suivants par les mots convenables.]

4ᵉ Exercice.

Toute famille a un ..... naturel, le ...., chargé de.... les affaires, d'être le ..., le ..., des parents ou enfants placés sous son ....

Les habitants d'une ..... sont ... à vivre et à mourir les ..... à côté des autres; ils doivent ne ..... qu'une ....., famille, s'...., se prêter une assistance ....., rester unis, comme de ..... frères.

5ᵉ Exercice.

Comme la ...., toute ....., ville ou ....., a un chef appelé ..... chargé de la ..... des actes de ....., de l'administration des ....., de l'exécution des ....., et des ....., de l'ordonnancement des ....., du maintien de....; il sert d'.... entre l'.... et les habitants. Le maire est assisté d'un ....., qui comprend ..... membres dans les ..... villages, ... dans les ....., et d'un ou plusieurs ...., chargés de le .... en cas de .... ou d'absence. Le maire est .... dans son...., par le..., le garde champêtre, les agents de ...., la .....

6° Exercice.

Les membres du ..... municipal sont nommés par les ..... de la commune, c'est-à-dire par tous les.... âgés de .....ans et..., et jouissant de leurs.....civils et ...., n'ayant par conséquent subi aucune ..... pour délit grave ou volontaire. Dans les communes ..... le maire et l'.... sont nommés par leurs .... du conseil ; dans les communes .... ils sont nommés par le ...., qui les ...., parmi les ..... du .....

7ᵉ Exercice.

La mairie ou .....ou ..... est la ..... où se réunissent les ..... du ..... assemblés, sous la présidence du ..... ou de l'.... pour s'..... des ..... de la commune. Les sessions ont lieu à des ..... fixées par le..... du dé-partement ; elles ne peuvent.... autrement. Lors-que survient quelque ..... grave ou ...., le maire ... le conseil après en avoir obtenu l'..... du préfet ou du sous-..... Quand le conseil est appelé à..... une ..... extraordinaire, il est assisté, en nombre ..... à celui des ..... élus, des ..... propriétaires , dits .....

[Le maître pourra donner à ses élèves des exercices analogues sur la paroisse, sur la maison d'école, sur les services que se rendent les habitants d'une com-mune.]

CHAPITRE III.

Le canton.

17. Qu'est-ce que le canton ?

Le *Canton* est une portion de territoire, formée par la réunion de plusieurs *communes* déterminées.

On appelle *chef-lieu de canton* la commune la plus centrale ou la plus populeuse du canton, celle où est établie la *justice de paix*, (*fig.* 3).

.CANTON

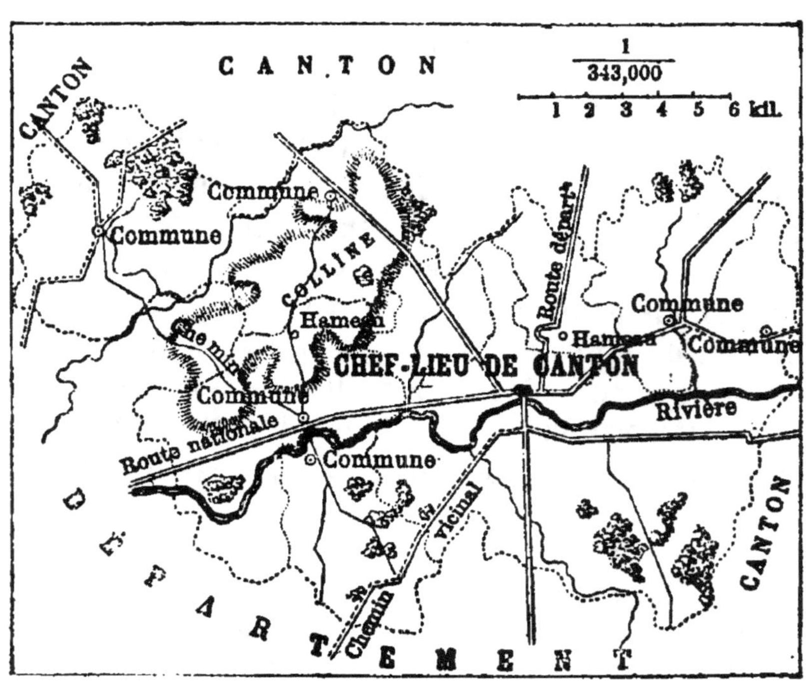

Fig. 3.

La France compte 2,900 cantons.

18. Qu'est-ce que le juge de paix ?

Le *Juge de paix,* ainsi que son nom l'indique, est un magistrat qui a pour mission d'essayer de terminer à l'amiable les contestations de peu d'importance qui surviennent entre les habitants d'un même canton, de juger les affaires ou contraventions de simple police, de maraudage, et les questions d'argent dont l'importance ne dépasse pas 150 francs. Le juge de paix siége au chef-lieu du canton ; il est assisté d'un *greffier*, fonctionnaire qui tient le *greffe*[1], écrit les minutes des jugements et veille à leur conservation.

19. Où se font les opérations du tirage au sort et du conseil de révision?

C'est ordinairement au chef-lieu que les jeunes gens d'un même canton sont appelés pour tirer au sort, et ensuite pour comparaître devant le *conseil de révision,* chargé de constater leur aptitude au service militaire et d'apprécier les cas d'exemption qu'ils peuvent faire valoir en vue d'être dispensés de ce service. Tout Français

---

1. On appelle greffe d'une justice de paix, d'un tribunal, le lieu où l'on dépose les minutes des actes de procédure, et où se font certaines déclarations, certains dépôts.

déclaré propre au service militaire par le *conseil de révision* fait partie, depuis 20 jusqu'à 40 ans : de l'armée *active* pendant *cinq* ans; de la *réserve* de l'armée active pendant *quatre* ans ; de l'armée *territoriale* pendant *cinq* ans; de la *réserve* de l'armée territoriale pendant *six* ans.

20. De quelles fonctions sont chargés : le percepteur, le receveur de l'enregistrement, l'agent voyer, le receveur des postes, *etc.* ?

Un ou plusieurs *Percepteurs* par canton sont chargés par le gouvernement de percevoir l'*impôt*[1] que tout citoyen doit, selon la nature et l'importance de ses biens (terres, habitations, commerce ou industrie).

L'impôt sur les boissons et autres objets de consommation est perçu par les agents des

---

1. On peut définir l'*impôt* une *contribution* pour la dépense publique, qui est nécessaire à la propriété particulière. Les *contributions* sont *directes* quand elles sont établies sur les biens ou sur les personnes, et *indirectes* lorsqu'elles sont établies sur les objets de consommation ou sur certains produits d'un besoin éventuel : tels sont les droits d'octroi, les droits sur les boissons, sur le tabac, les droits de timbre, d'enregistrement. Ce qu'on appelle aujourd'hui *contributions indirectes* a été nommé pendant longtemps *droits réunis*. Les *contributions indirectes* sont ainsi appelées parce qu'elles n'atteignent le contribuable qu'indirectement, et qu'autant qu'il use des produits frappés de l'impôt.

contributions indirectes, etc. (anciens *droits réunis*), résidant au chef-lieu du canton.

Le *Receveur de l'enregistrement* est chargé de transcrire ou mentionner sur un registre public les actes et contrats intervenus entre les particuliers et de percevoir une taxe, c'est-à-dire des droits sur l'enregistrement de ces actes.

L'*Agent Voyer* est chargé de l'établissement et de l'entretien des chemins de vicinalité, c'est-à-dire des chemins destinés, soit à relier les communes entre elles, soit à les rattacher aux routes nationales et départementales et aux chemins de fer. Il y a dans quelques cantons un *conducteur des ponts et chaussées*, chargé, sous la direction des *ingénieurs*, de la construction et de l'entretien des routes nationales.

Le *Receveur des postes* expédie et reçoit les lettres, journaux et paquets divers, veille à leur distribution par les facteurs, encaisse les sommes d'argent que les particuliers déposent entre ses mains pour être acquittées dans un autre bureau de France ou des colonies, et paye les mandats qui ont été délivrés dans un autre bureau.

Le *Curé du chef-lieu de canton* porte le titre de *Doyen*.

Dans tout canton se trouve au moins une brigade de gendarmerie, destinée à exercer une surveillance active dans les campagnes, à maintenir l'ordre, à arrêter les malfaiteurs et à veiller à la paix publique [1].

[L'élève remplacera les ..... des exercices suivants par les mots convenables].

8ᵉ Exercice.

Le canton est une ..... de ...., formée par la ..... de plusieurs communes .....

On appelle chef-lieu de canton la commune la plus .... ou la plus.... du canton, celle où est établie la ..... de .....

La France compte ..... cantons.

Le juge de paix, ainsi que son ..... l'indique, est un ..... qui a pour ..... d'essayer de ..... à l'amiable les ..... de peu d'..... qui ..... entre les ..... d'un même ....., de juger les ..... ou contraventions de simple ....., de maraudage, et les questions d'.... dont l'..... ne dépasse pas ..... f....

Le juge de paix ..... au ..... du canton; il est ..... d'un ...., fonctionnaire qui tient le ....., écrit les..... des jugements et veille à leur .....

1. Le maître tracera sur le tableau noir la carte de son canton, en tenant compte de la position et de la distance relative des communes. Il indiquera les routes, cours d'eau, *etc.*, d'après notre modèle. Les élèves reproduiront cette carte et seront exercés à s'y bien reconnaître.

9° Exercice.

C'est ordinairement au ..... que les jeunes ..... d'un même canton sont ..... pour ..... au sort, et ensuite pour ..... devant le ..... de ...., chargé de constater leur ..... au service ..... et d'apprécier les cas d'..... qu'ils peuvent faire..... en vue d'être ..... de ce ..... Tout Français déclaré ..... au service militaire par le ..... fait partie, depuis ..... jusqu'à ..... : de l'armée ..... pendant ..... ans ; de la ..... de l'armée active pendant ..... ans ; de l'armée ..... pendant ..... ans ; de la ..... de l'armée..... pendant ..... ans.

10° Exercice.

Un ou plusieurs ..... par canton sont chargés par le ..... de percevoir l'..... que tout ..... doit, selon la nature et l'..... de ses ..... L'..... sur les boissons et autres objets de consommation est ..... par les agents des ..... indirectes, résidant au ..... du canton. Le ..... de l'enregistrement est chargé de ..... ou mentionner sur un ..... public les ..... et ..... intervenus entre les ..... et de ..... une taxe, c'est-à-dire des ..... sur l'enregistrement de ces .....

[Le maître complétera l'étude de ce chapitre par des exercices analogues sur les autres fonctionnaires du canton.]

CHAPITRE IV.

L'arrondissement.

21. Qu'est-ce que l'arrondissement ?

L'*Arrondissement* est une portion de territoire, formée par la réunion de plusieurs *cantons* (*fig.* 4).

La France compte 362 *arrondissements* : 86 de préfectures et 276 de sous-préfectures.

22. Par qui l'arrondissement est-il administré ?

L'arrondissement est administré par un *Sous-Préfet*, placé sous la dépendance immédiate du préfet du département [1].

Le *sous-préfet* correspond avec les maires des communes et transmet au préfet du département les dossiers relatifs à toutes les affaires communales.

Le chef-lieu d'arrondissement porte le nom de *Sous-Préfecture*.

23. De quel conseil le sous-préfet est-il assisté ?

Le sous-préfet est assisté d'un *Conseil d'arrondissement*, dont les membres sont nommés par les électeurs des communes, à raison d'un ou deux par canton, selon le chiffre de la population.

1. Le département de la Seine a deux arrondissements *ruraux*, *deux sous-préfectures*, *Saint-Denis* et *Sceaux*. La ville de Paris, quoique divisée en *vingt arrondissements*, n'a pour administrateurs que des maires, un par arrondissement, assisté de plusieurs adjoints, sous la haute autorité du préfet de la Seine.

24. Quel tribunal trouve-t-on dans chaque arrondissement ?

Dans chaque arrondissement se trouve un *Tribunal civil de première instance,* ayant trois juges, dont un *Président,* et de plus un *Procureur* de la République et un *Substitut* pouvant remplacer le Procureur. Ce tribunal juge toutes les affaires civiles et correctionnelles de l'ar-

ARRONDISSEMENT

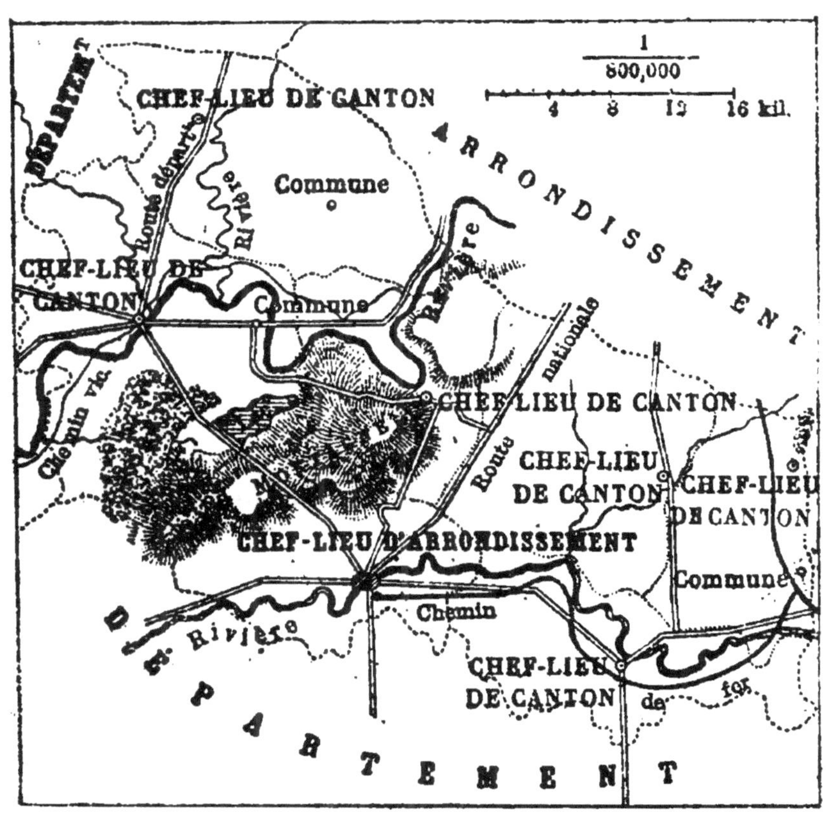

Fig. 4.

rondissement, et, au besoin, les affaires commerciales, quand il n'y a pas un *tribunal de commerce* dans l'arrondissement; les affaires criminelles sont portées devant la cour d'assises [1].

25. Qu'est-ce que le receveur particulier ?

Le *Receveur particulier* est un agent du ministère des finances, chargé de centraliser les produits des divers impôts et contributions perçus dans l'arrondissement par les *Receveurs, Percepteurs* et autres fonctionnaires dépendant du ministère des Finances.

26. Quels sont les autres fonctionnaires qu'on trouve au chef-lieu d'arrondissement ?

Au chef-lieu d'arrondissement résident encore :

1. A chaque tribunal sont attachés : des *avocats*, dont la profession est de plaider; des *avoués* chargés de représenter les parties et de faire les actes de procédure; des *huissiers* chargés de signifier les actes de procédure et de mettre à exécution les jugements; des *notaires* qui reçoivent et rédigent les actes volontaires, tels que : actes de vente, de donation, testaments, *etc...*

On appelle *parquet* la partie d'une salle de justice où se tiennent les juges; mais cette expression s'applique plus particulièrement au lieu où siégent le procureur et son substitut, désignés sous le nom général de *ministère public*. Il y a 362 tribunaux de première instance : un par arrondissement.

L'Inspecteur des écoles primaires; l'Agent Voyer d'arrondissement; le Vérificateur des poids et mesures; le Contrôleur des contributions directes; le Receveur principal des contributions indirectes, le Conservateur des hypothèques, *etc.*

Dans un certain nombre de chefs-lieux de canton et dans la plupart des chefs-lieux d'arrondissement se trouvent, en outre des écoles primaires, des colléges communaux dirigés par des *principaux* [1].

[L'élève remplacera les ..... des exercices suivants par les mots convenables.]

11ᵉ Exercice.

L'arrondissement est une ..... de ..... formée par la ..... de plusieurs ...... La France compte ..... arrondissements : 86 de ..... et 276 de ..... L'arrondissement est administré par un ....., placé sous la dépendance ..... du préfet du .....

Le sous-préfet correspond avec les ..... des .....

1. Le maître tracera sur le tableau noir la carte de son arrondissement divisé en cantons. Le canton où se trouve l'école sera divisé en communes. Les routes, les cours d'eau, collines ou montagnes, seront indiqués, de même que les lieux qui auraient quelque chose de remarquable, au point de vue agricole, industriel, commercial, historique, *etc.* L'élève reproduira cette carte.

et transmet au ..... les dossiers relatifs à toutes les affaires .....

Le ..... d'arrondissement porte le nom de .....

12ᵉ Exercice.

Le sous-préfet est ..... d'un conseil d'....., dont les ..... sont nommés par les ..... des communes, à raison d'un ou deux par ....., selon le ..... de la......

Dans chaque ..,.. se trouve un tribunal ..... de ...., ayant trois juges, dont un ...., et de plus un ..... de la ..... et un substitut pouvant ..... le procureur. Ce ..... juge toutes les affaires ..... et .... de l'arrondissement, et, au besoin, les affaires ....., quand il n,y a pas un tribunal de ..... dans l'arrondissement; les affaires ... . sont portées devant la ..... d'......

[Le maître complétera l'étude de ce chapitre par des exercices analogues sur les autres fonctionnaires qui résident dans l'arrondissement.]

CHAPITRE V.

Le département.

27. Qu'est-ce que le département ?

Le *Département* est une des 86 grandes divisions de la France.

Le département se compose de plusieurs *arrondissements*, comme l'*arrondissement* de plu-

sieurs *cantons*, et le *canton* de plusieurs communes (*fig.* 5).

Le chef-lieu du département porte le nom de
Préfecture.

DÉPARTEMENT

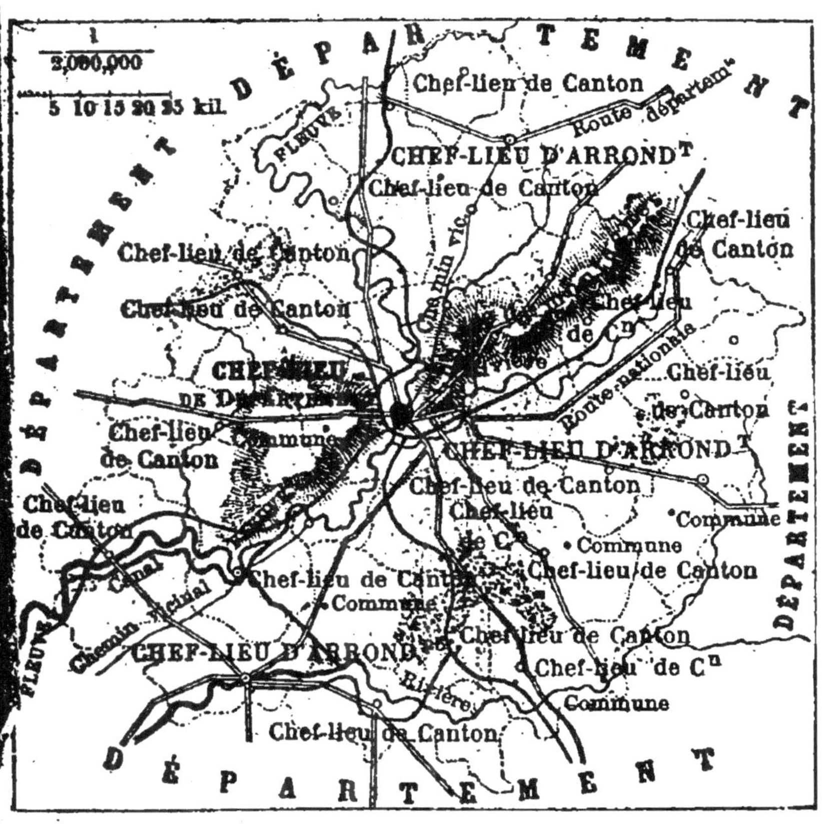

Fig. 5.

28. Par qui le département est-il administré?

Le département est administré par un *Préfet*,
placé sous la dépendance immédiate du *ministre*

de l'Intérieur. Le préfet a pour auxiliaire un *secrétaire général.*

29. De quels conseils le préfet est-il assisté ?

Le préfet est assisté : 1° d'un *Conseil de préfecture*, sorte de tribunal administratif, qu'il préside, et dont les membres sont nommés par le gouvernement; 2° d'un *Conseil général*, dont les membres sont élus par les électeurs des communes à raison d'un par canton.

30. Quel tribunal trouve-t-on au chef lieu du département ?

Au chef-lieu du département se trouve un *Tribunal civil de première instance,* où se plaident les affaires de l'arrondissement ayant le même chef-lieu que le département, et où se tiennent en général tous les trois mois les *Assises,* dans lesquelles se jugent les affaires criminelles, meurtres, incendies, vols, *etc.* Il y a en outre 26 *Cours d'appel,* dont les arrêts ont pour but de réviser ou de confirmer, en certains cas, les jugements des tribunaux de première instance situés dans leur ressort. Au-dessus des cours d'appel se trouve la *Cour de cassation,* qui siége à Paris.

31. Qu'est-ce que le jury ?

On appelle *jury* la réunion de douze citoyens, honorables et instruits, rentiers, propriétaires, commerçants, fonctionnaires, *etc.*, tirés au sort à chaque session sur des listes dressées à cet effet. Tout membre du *jury* est nommé *juré.* Les jurés ont pour mission de prononcer sur la culpabilité des accusés traduits devant la cour d'assises. Les juges appliquent la peine encourue ou prononcent l'acquittement, selon le verdict des jurés.

32. Qu'appelle-t-on diocèse ?

Le *diocèse* est le nom que prend le département au point de vue de l'administration du clergé. A la tête du diocèse est placé l'*Archevêque* ou l'*Évêque,* assisté d'un conseil appelé *Chapitre*, composé des chanoines attachés à l'église cathédrale. La France est divisée en 17 archevêchés et 69 évêchés. Quelques archevêques portent le titre de cardinaux ou princes de l'Église.

33. Qu'est-ce que le trésorier payeur général ?

Le Trésorier Payeur général est l'agent supérieur des Finances dans le département. Il centralise les fonds provenant de l'impôt et des diverses contributions. Il a sous sa direction les Receveurs particuliers, les Percepteurs et les autres fonctionnaires dépendant du ministère des Finances.

34. Quels autres fonctionnaires se trouvent au chef-lieu du département ?

Au chef-lieu du département se trouvent les chefs de l'armée [1], l'Inspecteur d'académie [2], les chefs des services des ponts et chaussées, des postes, de l'enregistrement, des contributions indirectes, *etc.* La plupart des chefs-lieux de départements possèdent, outre les écoles primaires, un *lycée*, dirigé par un *proviseur*, que secondent un *censeur des études*, un *économe*, un *aumônier* et un certain nombre de *professeurs* et de répétiteurs ou maîtres d'études.

35. De qui relèvent les divers services du département ?

Les divers services du département relèvent du chef de l'État, Président de la République, assisté de ministres, nommés et choisis par lui, qui se répartissent l'administration générale de la France,

1. Sous le rapport militaire, la France se divise en 19 corps ou divisions, ayant un général de division ou chef de corps à leur tête. De plus, tout département a un général de brigade et un escadron de gendarmerie.
2. Sous le rapport de l'instruction publique, la France se divise en 17 académies, administrées chacune par un Recteur, assisté d'un Conseil académique et d'autant d'inspecteurs d'académie qu'il y a de départements dans la circonscription. Les inspecteurs d'académie ont sous leurs ordres les inspecteurs primaires.

et qui forment le *Conseil des ministres*. Les ministres sont responsables de leurs actes devant le Sénat et la Chambre des députés. A côté du Président et des ministres se trouve encore le *Conseil d'État* [1].

36. Quels sont les ministres ?

Il y a neuf ministres :

Le ministre de la Justice, garde des sceaux ;

  «   de l'Intérieur ;

  «   des Finances ;

  «   de l'Instruction publique, des Cultes et des Beaux-Arts ;

  «   des Affaires étrangères ;

  «   de l'Agriculture et du Commerce ;

  «   des Travaux publics ;

  «   de la Guerre ;

  «   de la Marine et des Colonies.

37. Quels rapports y a-t-il entre l'organisation de chacune des divisions territoriales ?

Le système administratif de la France est des

---

1. Le *Sénat* compte 300 sénateurs, dont 225 élus par les départements et 75 par le Sénat lui-même.

La *Chambre des députés* se compose de 533 députés, dont 7 pour l'Algérie et les colonies, tous élus par le suffrage universel.

Le *Conseil d'État* a 37 *conseillers*, dont la mission est de préparer les projets de loi et de résoudre les difficultés administratives.

plus simples; il a de plus une certaine analogie pour chacune des divisions territoriales [1].

On trouve à la tête :

1° de l'État :	Le Président de la République,	Le Conseil des Ministres.
2° du Département :	Le Préfet,	Le Conseil général.
3° de l'Arrondissement :	Le Sous-Préfet,	Le Conseil d'arrondissement.
4° de la Commune :	Le Maire,	Le Conseil municipal.

[L'élève remplacera les ..... des exercices suivants par les mots convenables.]

13ᵉ Exercice.

Le département est une des ..... grandes divisions de la ..... Le département se compose de plusieurs ....., comme l'arrondissement de plusieurs ....., et le canton de plusieurs .....

Le ..... du département porte le nom de .....

Le département est administré par un ...., placé sous la dépendance immédiate du .....

Le préfet a pour auxiliaire un .....

Le préfet est assisté : 1° d'un conseil de ...., sorte

1. Le maître tracera sur le tableau noir la carte de son département divisé en arrondissements. Son arrondissement sera divisé en cantons; son canton, en communes. Les routes, chemins, cours d'eau, collines ou montagnes seront indiqués, ainsi que les lieux remarquables.

de ..... administratif, qu'il ....., et dont les membres
sont nommés par le .....; d'un ..... général, dont les
membres sont .... par les ..... des communes, à
raison d'un par ..... Notre conseiller général se
nomme M.....

14ᵉ Exercice.

Au chef-lieu du ..... se trouve un .... civil de
....., où se ..... les affaires de l'..... ayant le même
..... que le département, et où se ..... tous les .....
mois les ....., dans lesquelles se jugent les ..... criminelles, meurtres, ..., vols, *etc.* Il y a en outre
26 ..... d'....., dont les ..... ont pour but de ..... ou
de ....., en certains cas, les ..... des tribunaux de
..... situés dans leur..... Au-dessus des ..... d'appel
se trouve la ..... de ....., qui siége à .....

On appelle ..... la réunion de ..... citoyens, ...
et ....., ..., propriétaires, commerçants, ..., *etc.*,
tirés au ..... à chaque ..... sur des ..... dressées
à 'cet effet. Tout ...... du jury est nommé .....
Les ..... ont pour ..... de ..... sur la ..... des
accusés ..... devant la cour d'..... Les ..... appliquent la ..... encourue ou ..... l'....., selon le .....
des jurés.

15ᵉ Exercice.

Les divers services du ..... relèvent du ..... de
l'État, Président de la ....., assisté de ....., nommés
et ..... par lui, qui se répartissent l'administration
..... de la ...., et qui forment le Conseil des ..... Les
ministres sont ..... de leurs actes devant le ..... et la
.... des ..... A côté du..... et des ..... se trouve encore le ..... d'.....

Il y a ..... ministres : le ministre de la ....., garde des .....; — de l'I....; — des ....; — de l'..... publique, des..... et des.....; — des ....; — de l'A..... et du ....; — des T.....; — de la G....; — de la M..... et des .....

[Le maître complétera l'étude de ce chapitre par des exercices analogues sur le diocèse, sur les fonctionnaires du département et sur les rapports qui existent entre les diverses divisions administratives de la France.]

CHAPITRE VI.

L'orientation.

38. Qu'est-ce que s'orienter ?

S'orienter, c'est chercher l'*Orient* par rapport au lieu où l'on est.

39. Qu'est-ce que l'orient ?

L'*Orient* est le côté où le soleil semble se lever ; ce côté se nomme encore *Est* ou *Levant*.

40. Quel est le côté opposé à l'orient ?

Le côté opposé à l'Orient se nomme *Occident*, *Ouest* ou *Couchant*, parce que le soleil semble se coucher dans cette direction.

41. Où se trouve le soleil à midi, par rapport à nous ?

Dans notre région, le soleil se trouve à midi derrière la personne qui a le *Levant* à sa *droite* et le *Couchant* à sa *gauche*. Le côté placé derrière elle, entre le levant et le couchant, se nomme *Midi* ou *Sud*.

42. Quel nom porte le côté opposé au midi ?

Le côté opposé au *Midi* se nomme *Nord* ou *Septentrion*, à cause de la *Grande Ourse* ou *Grand Chariot*, constellation formée de *sept* étoiles, qu'on y observe la nuit, et qui semble tourner autour d'une étoile dite *polaire*, située à l'extrémité d'une autre constellation semblable à la Grande Ourse, mais plus petite et tournée en sens inverse, appelée *Petite Ourse* (*fig.* 6).

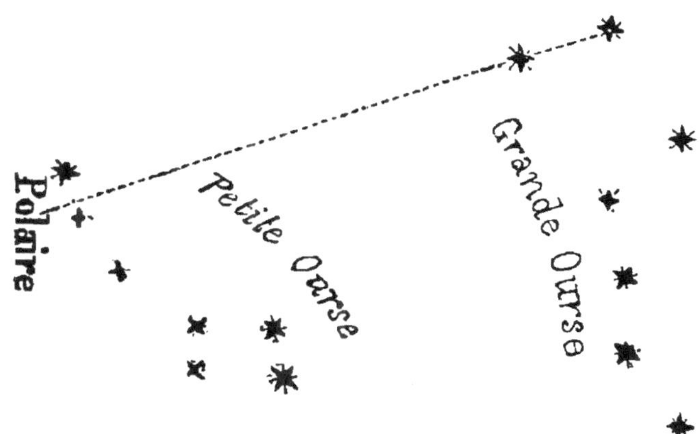

Fig. 6. — La Grande Ourse et la Petite Ourse.

43. Quel nom donne-t-on à ces quatre points ?

Ces quatre points s'appellent *points cardinaux*. Ce sont : l'*Est*, l'*Ouest*, le *Nord*, le *Midi*.

44. N'y a-t-il pas d'autres points entre les points cardinaux ?

Entre les points cardinaux, il y a d'autres points qu'on appelle *intermédiaires* ou *collatéraux*, qui sont :

Le *nord-est*, entre le *nord* et l'*est* ;

Le *nord-ouest*, entre le *nord* et l'*ouest* ;

Le *sud-est*, entre le *sud* et l'*est* ;

Le *sud-ouest* entre le *sud* et l'*ouest*.

Ces divers points, augmentés de vingt-quatre nouveaux points placés dans leurs intervalles, forment ce qu'on appelle la *rose des vents*.

45. De quel instrument se sert-on pour s'orienter ?

Lorsque le soleil est caché par les nuages, on s'oriente, surtout en mer, et par tous les temps, au moyen d'une *boussole*. C'est un instrument qui se compose d'une aiguille aimantée placée sur un pivot dans une petite boîte dont le fond porte les quatre points cardinaux. Cette aiguille a la propriété de se diriger sans cesse vers le nord (*fig.* 7).

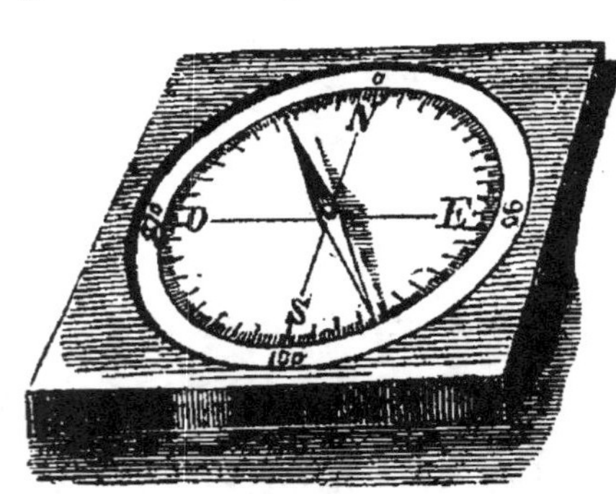

Fig. 7.

[L'élève remplacera les ..... des exercices suivants par
les mots convenables.]

16ᵉ Exercice.

S'orienter, c'est chercher ..... par rapport au lieu
où l'on est.

L'Orient est le ..... où le soleil semble se ..... ;
ce côté se nomme encore ..... ou .....

Le côté ..... à l'Orient se nomme ....., Ouest ou ....,
parce que le ..... semble se coucher dans cette .....

Dans notre ..... le soleil se trouve à ..... derrière
la ..... qui a le ..... à sa droite et le ..... à sa .....
Le côté placé derrière elle, entre le ..... et le ...., se
nomme Midi ou .....

Le côté opposé au ..... se nomme ..... ou .....

Ces quatre points s'appellent points ..... Ce sont :
l'....., l'O...., le ..... et le .....

17ᵉ Exercice.

Entre les ..... card....., il y a d'autres ..... qu'on
appelle ..... ou ....., qui sont : le ...., entre le nord
et l'.....; le nord-ouest, entre le ..... et l'.....; le
sud-est, entre le ..... et l'....; le sud-ouest, entre
le ..... et l'.....

Lorsque le soleil est caché par les ....., on s'.. ..,
surtout en ....., et par tous les ....., au moyen d'une
..... C'est un ..... qui se compose d'une ..... aimantée
placée sur un ..... dans une petite ..... dont le fond
porte les quatre ..... Cette aiguille a la propriété de
se diriger sans cesse vers le .....

CHAPITRE VII.

Plans et Cartes.

46. Qu'est-ce qu'un plan ? Qu'entend-on par lever un plan ?

Un *plan* est le dessin, reporté sur le papier, d'un champ, d'un village, d'une ville, d'un bâtiment, d'un pays, *etc*.

Lever un plan, c'est prendre les mesures d'un terrain, d'un édifice quelconque, pour en faire une réduction plus ou moins grande, mais toujours semblable.

47. Qu'est-ce que la topographie ?

La *topographie* est l'art de représenter sur le papier la forme d'une portion de terrain avec tous les objets qui sont à sa surface (*fig.* 8).

48. Qu'est-ce que le cadastre ?

Le *cadastre* est l'ensemble des plans des propriétés et biens de la commune, établi sous la direction de l'État, afin d'éviter les contestations entre voisins, de constater la quantité et la valeur des terres et de servir ainsi de base à la fixation de l'impôt foncier.

49. Où trouve-t-on le plan cadastral de toute commune ?

Le *plan cadastral* de toute commune est soi-

CARTE TOPOGRAPHIQUE

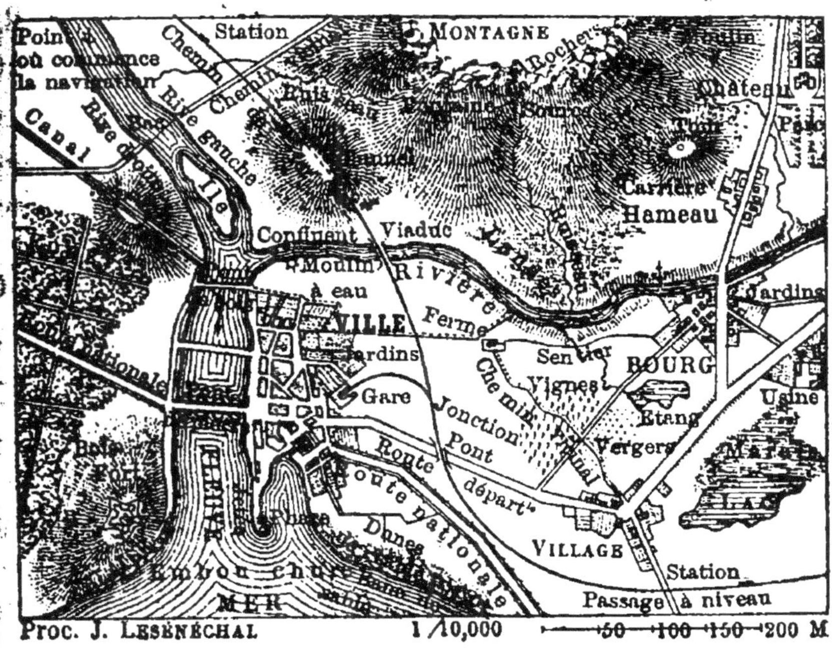

Fig. 8.

gneusement gardé dans les mairies; il peut être
consulté par tout le monde[1].

50. Quel nom donne-t-on au plan d'une grande
étendue de terrain, comme un département, une
contrée ?

Le plan d'une grande étendue de terrain s'ap-

1. Le maître pourra mettre le plan cadastral de la
commune sous les yeux des élèves et les habituera à
s'y reconnaître, à y trouver les terres dont leurs parents sont propriétaires. Il essayera de leur donner
une idée de ce qu'on nomme *échelle de proportion*.

pelle une *carte*; on dit : le *plan* de l'école, du village, d'une ville, et la *carte* d'un canton, d'un arrondissement, d'un département, d'une contrée.

51. Comment représente-t-on sur un plan ou sur une carte les chemins, routes, fleuves, rivières, montagnes, chemins de fer, *etc.?*

On représente sur un plan ou sur une carte les chemins de fer, cours d'eau, montagnes, villes et villages, par des signes convenus d'avance, lignes plus ou moins régulières, points, *etc.*

52. Comment s'oriente-t-on sur les plans ou cartes ?

Le *nord* se place toujours en haut du plan ou de la carte, le *sud* en bas, l'*est* à droite, et l'*ouest* à gauche.

53. Qu'est-ce qu'une mappemonde?

Une *mappemonde* est la reproduction de toutes les parties de la surface du globe terrestre, divisé en deux moitiés ou *hémisphères.*

[L'élève remplacera les ..... des exercices suivants par les mots convenables.]

18ᵉ Exercice.

Un plan est le ....., reporté sur le ....., d'un ....., d'un village, d'une ....., d'un bâtiment, d'un ....., *etc.*

Lever un plan, c'est ..... les ..... d'un ....., d'un ...., pour en faire une ..... plus ou moins ....., mais toujours .....

La topographie est l'art de ..... sur le ..... la ..... d'une portion de ..... avec tous les ..... qui sont à sa .....

Le plan d'une grande ..... de ..... s'appelle une .....; on dit : le ..... de l'école, du village, et la ..... d'un ....., d'un ....., d'un ....., d'une .....

On représente sur un plan ou sur une carte les ....., ..., ..., ... et ....., par des ..... convenus d'avance, lignes plus ou moins ....., points, *etc*.

Le nord se place toujours en ..... du plan ou de la carte, le ..... en bas, l'..... à ...., et l'..... à gauche.

EXERCICES D'ENSEMBLE.

[Le maître fera ici un résumé sommaire de ce qui concerne la commune, le canton, l'arrondissement et le département où est située son école; il mettra ainsi ses élèves en mesure de remplacer les ..... des exercices suivants par les mots convenables.]

19ᵉ Exercice.

J'habite la commune de ....., comprise dans le canton de ..... arrondisement de..... et département de .....

Ma commune a une population de ..... habitants. Le territoire se divise en champs ....., ..., etc.

Un voyageur qui partirait de ma commune, trouverait sur son chemin d'autres ....., puis d'autres ....., jusqu'à la .....

Ma commune est bornée :
Au nord par la commune de ....;
A l'est   «   ....;
Au sud   «   ....;
A l'ouest   «   .....
Ces communes sont unies par des chemins dits
....., parce qu'ils sont entretenus par .....

20e Exercice.

Ma commune est traversée par un cours d'eau
nommé .....; il prend sa source à ..... et va se jeter
dans ...., après avoir reçu d'autres cours d'eau,
parmi lesquels on cite ....., ..., ...
Voici quelles sont les bornes de notre canton :
Au nord, il est borné par les cantons de ....;
A l'est,   «   ....;
Au sud,   «   ....;
A l'ouest,   «   .....
Mon canton compte ...... communes ..... Les prin-
cipaux cours d'eau qui traversent le canton sont :
....., ..., ...; ils vont se jeter dans .....

21e Exercice.

Le chef-lieu de mon canton se trouve à ..... ki-
lom. de ma commune, à ..... du chef-lieu d'arron-
dissement et à ..... du chef-lieu du département.
L'arrondissement a pour bornes :
Au nord, l'arrondissement de..... ou les cantons de ....
A l'est,   «   .....   «   ....
Au sud,   «   .....   «   ....
A l'ouest,   «   .....   «   ....

L'arrondissement a ..... cantons et communes.

L'arrondissement est traversé par plusieurs cours d'eau, dont les principaux sont : ...., ..., ...

Ma commune se trouve à ..... kilom. du chef-lieu d'arrondissement.

22ᵉ Exercice.

Notre département a pour bornes : au nord, le département de .....; à l'est, le département de.....; au sud, le département de .....; à l'ouest, le département de .....

On compte dans notre département : ..... arrondissements; ..... cantons; ..... communes, formant une population totale de ..... habitants.

Les principaux cours d'eau qui arrosent le département sont : ....., ..., ..., ..., ..., qui vont se jeter dans .....

CHAPITRE VIII.

Termes relatifs à la nomenclature géographique.

54. Comment se divise la surface du globe terrestre ?

La surface du globe terrestre se divise en deux parties d'inégale grandeur : les *terres,* qu'on appelle *continents, îles, presqu'îles,* etc..., et les *eaux,* qu'on nomme *océans, mers, lacs,* etc.

MAPPEMONDE
Projection Stéréographique
OCÉAN ATLANTIQUE
OCÉAN PACIFIQUE
ou GRAND OCÉAN
Paris, Delalain

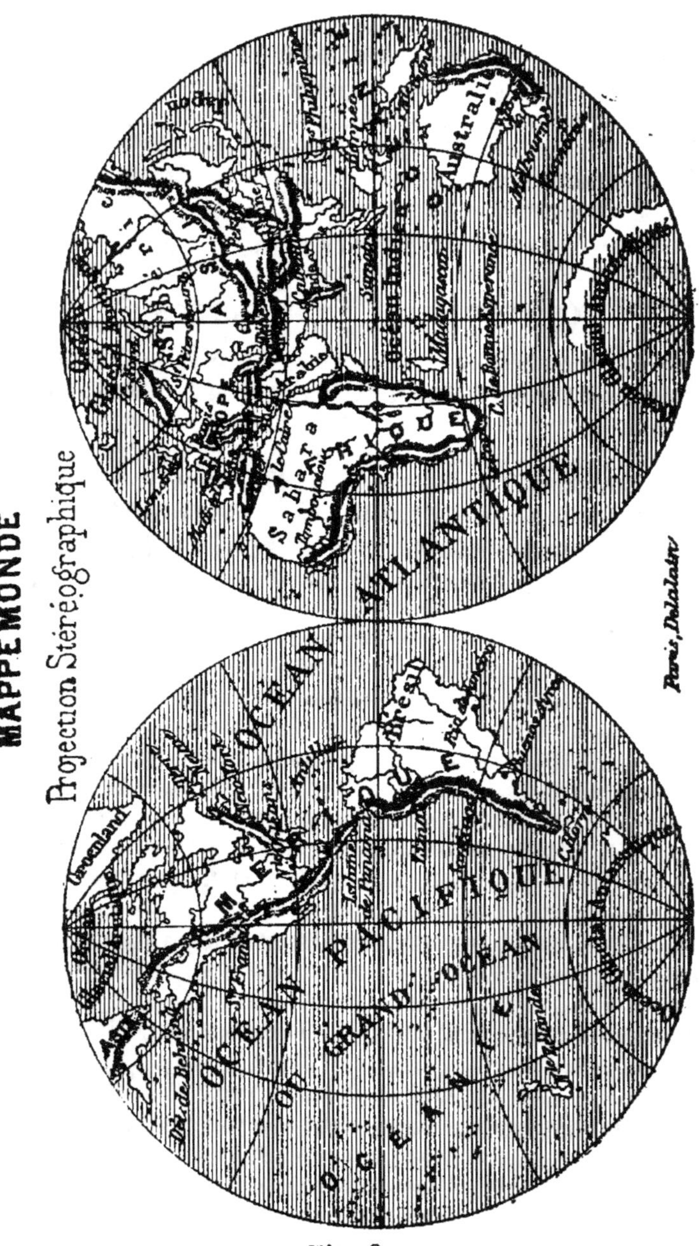

Fig. 9.

Termes relatifs aux terres.

55. Qu'est-ce qu'un continent ?

On appelle *continent* une vaste étendue de terre qu'on peut parcourir sans traverser la mer ; un *continent* est une très-grande *île*.

56. Qu'est-ce qu'une île ?

Une *île* est une partie de terre entourée d'eau de tous côtés ; exemple : *la Corse* [1]. Plusieurs îles rapprochées forment un *groupe d'îles* ; plusieurs groupes d'îles forment un *archipel* ; exemple : les *îles Ioniennes*, l'*archipel Britannique*. Un *îlot* est une petite île. Les habitants d'une île se nomment *insulaires*.

57. Qu'est-ce qu'une presqu'île ?

Une *presqu'île* (presque une île), appelée aussi *péninsule*, est une terre presque entièrement entourée d'eau ; exemple : la *Bretagne*.

58. Qu'est-ce qu'un isthme ?

Un *isthme* est une partie de terre plus ou moins étroite, qui joint une presqu'île au continent ; exemple : l'*isthme de Suez, qui relie l'Asie à l'Afrique.*

---

1. Nous citons ici des noms géographiques, pour mieux faire comprendre aux enfants les termes dont il est question. Le maître aura soin de montrer sur la carte murale les points auxquels ils s'appliquent.

59. Qu'est-ce qu'un cap ?

Un *cap* ou *promontoire* est une partie de terre qui s'avance dans la mer ; quand le cap est petit, on l'appelle *pointe, bec ;* exemples : le *cap Gris-Nez,* dans le pas de Calais ; la *pointe de Barfleur,* dans la Manche.

60. Qu'est-ce qu'une côte ?

On appelle *côte, rivage* ou *littoral* la partie de la terre baignée par la mer. Les côtes prennent le nom de *falaises* quand elles sont escarpées et rocheuses ; de *dunes* quand elles sont formées de sable qui s'y amoncelle ; de *plage* ou *grève* quand elles sont basses et unies.

61. Qu'est-ce qu'une plaine, un plateau ?

Une *plaine* est une vaste étendue de terrain à peu près unie.

Un *plateau* est une plaine située sur un terrain élevé : la *plaine de la Beauce,* le *plateau de Langres.*

62. Qu'est-ce qu'une montagne ?

Une *montagne* est une masse de terre et de rochers, qui s'élève, comme une muraille, bien au-dessus des plaines : les *Alpes* et les *Pyrénées.*

Une *colline* est une petite montagne ; exemple : les *collines de la Normandie.*

Un *mont* est la partie la plus saillante d'une

montagne, le sommet le plus élevé : le *mont Blanc*, dans les Alpes. On l'appelle *pic* s'il se termine en pointe, comme le *pic du Midi*, dans les Pyrénées ; et *ballon* s'il est arrondi, comme le *ballon d'Alsace*, dans les Vosges.

63. Qu'est-ce qu'une chaîne de montagnes ?

Une chaîne de montagnes est une suite de montagnes reliées les unes aux autres : la *chaîne des Cévennes, des Alpes, des Pyrénées*.

64. Qu'appelle-t-on col, port, défilé, vallée, gorge ?

On appelle *col, port, défilé,* des passages plus ou moins larges entre deux montagnes : le *col de Tende* (Alpes-Maritimes) ; le *port de Venasque* (Pyrénées) ; le *défilé de l'Argonne* (Ardennes).

Une *vallée* est une large étendue de terrain entourée de hauteurs plus ou moins élévées : la *vallée de la Loire*. Un *vallon* est une vallée comprise entre deux collines.

Une *gorge* est une vallée étroite de peu de longueur, resserrée entre deux montagnes.

65. Que distingue-t-on dans les montagnes ?

On distingue dans les montagnes le *pied*, le *versant* et le *sommet*.

66. Qu'est-ce que les versants ?

On appelle *versants, flancs* ou *revers* les

deux côtés opposés d'une montagne. Les collines ont des *pentes*, des *côtes*.

67. Qu'est-ce qu'un glacier ?

Les *glaciers* sont des amas considérables de glace, qui couvrent en toute saison les sommets les plus élevés des grandes chaînes montagneuses.

68. Qu'est-ce qu'un volcan ?

Un *volcan* est une montagne qui, par une ouverture nommée *cratère*, vomit de temps en temps des tourbillons de feu et de fumée, des matières fondues appelées *laves*, qui sont en ébullition dans le sein de la terre. Le *Vésuve*, en en Italie, est un des volcans d'Europe.

69. Qu'appelle-t-on grottes, cavernes ?

Les *grottes* et les *cavernes* sont des cavités plus ou moins profondes creusées par la nature dans les flancs d'une montagne.

70. Qu'est-ce qu'un désert ?

Un *désert* est une immense étendue de terre inculte, stérile par suite d'une trop grande chaleur ou d'un trop grand froid et du manque d'eau.

On appelle *oasis* les espaces qui, dans les déserts, offrent de la végétation, due à la présence d'une source d'eau douce.

Termes relatifs aux eaux.

71. Qu'est-ce que l'océan ?

On donne le nom d'*océan* au grand amas d'eau salée qui couvre les trois quarts du globe.

L'*océan* se divise en plusieurs parties, dont les unes conservent le nom d'*océan*, tandis que les autres prennent celui de *mer* : l'océan *Atlantique*, l'océan *Glacial*, etc.

L'*océan* est le contraire du *continent*.

72. Qu'est-ce qu'une mer ?

Une *mer* est une partie plus ou moins considérable de l'océan : la *mer de la Manche*, la *mer du Nord*, etc.

La *mer* est le contraire de la *presqu'île* (n° 56).

73. Qu'est-ce qu'un golfe ?

Un *golfe* est une partie de mer qui s'avance dans les terres : le *golfe de Gascogne*.

Un petit golfe prend le nom de *baie*, d'*anse*, de *bassin*.

Un *golfe* est le contraire d'un *cap*.

74. Qu'appelle-t-on rade, port, havre ?

Une *rade* est une petite baie où les vaisseaux s'abritent contre les vents : la *rade de Toulon*.

Un *port* est une certaine partie de la mer qui pénètre dans les terres, et que les hommes ont disposée soit pour mettre les vaisseaux à l'abri des tempêtes soit pour en charger et décharger les marchandises : le *port* de *Cherbourg*, de *Marseille*.

Un *havre* est un port dont les eaux se retirent à certains moments.

75. Qu'est-ce qu'un lac ?

Un *lac* est un amas d'eau douce situé au milieu des terres : le *lac de Genève*, en Suisse ; le *lac de Grand-Lieu*, près de l'embouchure de la Loire. On trouve des lacs dans la partie la plus élevée des hautes montagnes.

Il y a des lacs si considérables qu'on leur donne le nom de mer : la *mer Caspienne* n'est qu'un grand lac.

76. Qu'est-ce qu'un étang, un marais ?

Un *étang* est un petit lac ; un *marais* est un étang peu profond et irrégulier. Les *lagunes* sont des terrains voisins de la mer, couverts et coupés par ses eaux et formant une série de lacs.

Un *lac* est le contraire d'une *île*.

77. Qu'est-ce qu'un détroit ?

Un *détroit* est une partie de mer resserrée entre deux terres ; quand le détroit a peu d'éten-

due, on l'appelle *pas, canal* : le *pas de Calais,*
entre la France et l'Angleterre.

Un *détroit* est le contraire d'un *isthme.*

78. Qu'appelle-t-on écueils, récifs, brisants?

On appelle *écueils, récifs, brisants,* des rochers, à fleur d'eau, contre lesquels les vaisseaux
se brisent. Ces rochers sont les pointes de montagnes plus ou moins considérables dont la base
est au fond des mers.

79. Quels noms donne-t-on aux cours d'eau naturels qui sillonnent la terre ?

Les cours d'eau naturels qui sillonnent la terre
sont appelés *ruisseaux, rivières* et *fleuves,* selon
leur importance.

80. Qu'est-ce qu'un ruisseau ?

Les *ruisseaux* sont de petits cours d'eau, dont
la réunion forme les rivières.

81. Qu'est-ce que les rivières ?

Les *rivières* sont des cours d'eau plus considérables que les ruisseaux, et qui contribuent à
former les fleuves. Les rivières sont en général
navigables ou flottables dans une partie de leur
cours, comme l'*Oise,* la *Marne,* la *Sarthe.*

82. Qu'est-ce qu'un fleuve ?

Un *fleuve* est un grand cours d'eau, navigable
dans la plus grande partie de son cours, formé

par des rivières, et qui va se jeter dans la mer, comme la *Seine,* la *Loire,* le *Rhône,* etc.

83. Qu'appelle-t-on source d'un cours d'eau?

On appelle *source* l'endroit où un cours d'eau sort de terre, où il commence à couler. La source d'un cours d'eau est quelquefois nommée fontaine. Exemple : la *Fontaine de Vaucluse.*

84. Où se trouve généralement la source des cours d'eau ?

Les cours d'eau prennent en général leur source soit dans les vallées, à la base des collines ou des montagnes, soit au pied des glaciers; ils tendent naturellement à descendre, jusqu'à ce qu'ils se jettent dans la mer.

85. Qu'appelle-t-on confluent ?

On appelle *confluent* l'endroit où deux cours d'eau se réunissent : *le confluent de la Seine et de la Marne, près de Paris.*

86. Qu'est-ce qu'un affluent ?

Un *affluent* est un cours d'eau qui se jette dans un autre cours d'eau plus considérable : la *Marne et l'Oise, affluents de la Seine.*

87. Qu'est-ce que l'embouchure ?

L'endroit où un fleuve se jette dans la mer se nomme *embouchure,* et quelquefois *bouche* :

l'*embouchure de la Seine*, les *bouches du Rhône*.

88. Qu'est-ce que la rive d'un fleuve?

On appelle *rive* d'un fleuve ou d'une rivière, la terre baignée par ce fleuve ou cette rivière. Tout cours d'eau a deux rives : la *rive droite* et la *rive gauche*.

89. Qu'est-ce que la rive droite ? la rive gauche?

La *rive droite* est celle que l'on a à sa droite quand on descend un cours d'eau en tournant le dos à la source. La *rive gauche* est le bord opposé.

90. Qu'est-ce que le lit d'un fleuve?

On appelle *lit* d'une rivière ou d'un fleuve l'espèce de fossé dans lequel les eaux sont comme enfermées et coulent en temps ordinaire. A la suite de grosses pluies ou de la fonte des neiges, les eaux sortent de leur lit ; elles débordent et causent des inondations quelquefois terribles.

91. Qu'appelle-t-on torrent ?

Un torrent est un cours d'eau qui coule dans les montagnes avec plus ou moins de force et de bruit, selon le volume de ses eaux et la pente de son lit. S'il tombe d'une certaine hauteur, sa chute prend le nom de *cascade* : la *cascade de Gavarnie*, dans les Pyrénées. Les cascades sont nombreuses dans les montagnes. Dans une partie du sud de la France les torrents se nomment *gaves* : le *gave de Pau*.

Une *cataracte* est une chute d'eau large et considérable : la *cataracte du Niagara* en Amérique.

92. Qu'est-ce qu'un canal ?

Un *canal* est une rivière creusée par les hommes, et qui sert à faire communiquer deux fleuves, deux rivières, deux mers, pour faciliter le transport de matières lourdes et encombrantes : le *canal du Languedoc ou du Midi* met en communication la mer Méditerranée avec l'Océan.

93. Qu'appelle-t-on bassin ?

On appelle *bassin* l'ensemble des pentes ou des vallées parcourues par les cours d'eau qui vont se jeter dans un même fleuve ou dans une même mer.

Le *bassin d'une rivière* comprend tout le territoire dont les cours d'eau se jettent dans cette rivière.

94. Qu'est ce que le bassin d'un fleuve ?

Le *bassin d'un fleuve* comprend tout le territoire dont les rivières vont se jeter dans ce fleuve.

95. Qu'est-ce que le bassin d'une mer ?

Le *bassin d'une mer* est formé de tout le

territoire dont les fleuves vont se jeter dans cette mer.

[L'élève remplacera les ..... des exercices suivants par les noms convenables.]

23ᵉ Exercice.

La surface du ..... se divise en ..... parties d'..... grandeur : les ....., qu'on appelle ....., ..., ..., *etc.*, et les ....., qu'on nomme ....., ..., ..., *etc.*

On appelle continent une ..... étendue de ..... qu'on peut ..... sans ..... la mer ; un ..... est une très-grande .....

Une île est une partie de ..... entourée d'..... de tous ..... Plusieurs ..... rapprochées ..... un ..... d'îles ..... ; plusieurs ..... d'..... forment un ..... Un ..... est une..... île. Les..... d'une île se nomment....

Une presqu'île, appelée aussi ....., est une ..... presque .... entourée d'....

24ᵉ Exercice.

Un isthme est une ..... de ..... plus ou moins....., qui ..... une presqu'île au .....

Un cap ou ..... est une..... de..... qui s'..... dans la ..... ; quand le ..... est ....., on l'appelle ....., ...

On appelle côte, ... ou ...... la partie de la terre ..... par la ..... Les côtes prennent le nom de ..... quand elles sont ..... et.... ; de ..... quand elles sont ..... de ..... qui s'y amoncelle ; de ..... ou ..... quand elles sont ..... et unies.

25e Exercice.

Une plaine est une ..... étendue de ..... à peu près
..... Un plateau est une .... située sur un ..... élevé.
Une montagne est une ..... de ..... et de ....., qui
s'..... comme une ....., bien au-dessus des .....

Une colline est une ..... montagne. Un mont est la
..... la plus ..... d'une ....., le sommet le plus .....
On l'appelle ....., s'il se termine en ....., et ..... s'il
est .....

Une chaîne de ..... est une suite de ..... reliées les
unes aux autres. On appelle col, ..., ..., des .....
plus ou moins ..... entre deux .....

26e Exercice.

Une vallée est une large ..... de ....., entourée de
..... plus ou moins élevées. Un ..... est une vallée .....
entre deux ..... Une gorge est une ..... étroite, de
peu de ..... resserrée entre deux .....

On distingue dans les montagnes le ...., le ..... et
le ..... On appelle ....., flancs ou .... les deux .....
opposés d'une ..... Les collines ont des ....., des .....

Les glaciers sont des ..... considérables de ...., qui
couvrent en toute ..... les sommets les plus .....
des .....

Un volcan est une ..... qui, par une ..... nommée
..... vomit de temps en temps des ..... de feu et de
...., des matières ...., appelées ...., qui sont en .....
dans le ..... de la terre.

Les grottes et les .... sont des ..... plus ou moins
..... creusées par la..... dans les..... d'une montagne.

27ᵉ Exercice.

Les cours d'eau naturels qui ..... la...... sont appelés ....., ... et ....., selon leur .....

Les ruisseaux sont de ..... cours d'eau, dont la.... forme les .....

Les rivières sont des cours d'eau plus ..... que les ....., et qui ..... à ..... les ..... Les ..... sont en général navigables ou .... dans une ..... de leur .....

Un fleuve est un ..... cours d'eau, ... dans la plus grande ..... de son ....., formé par des ....., et qui va se ..... dans la .....

On appelle source l'..... où un ..... d'eau sort de ....., où il commence à .....

Les cours d'eau prennent en général leur ..... soit dans les ....., à la la base des ..... ou des ....., soit au pied des ..... ; ils tendent ..... à ....., jusqu'à ce qu'ils se ..... dans la .....

[Le maître complétera l'étude de ce chapitre par des exercices analogues sur les autres termes relatifs aux terres ou aux eaux ; il donnera pour devoir à ses élèves de chercher sur la mappemonde ou sur une partie déterminée du globe un point géographique se rapportant à ces termes.]

CHAPITRE IX.

La terre; sa forme; ses mouvements.

La terre.

96. Qu'est-ce que la terre ?

La *terre* est le lieu que le Créateur nous a donné pour demeure pendant notre vie, et où il a placé pour notre utilité ou notre agrément des animaux innombrables de toute grandeur, des plantes d'une infinie variété, des pierres et des métaux de nature diverse.

97. Quelle est la forme de la terre ?

En jetant les yeux autour de nous, nous voyons la terre avec des plaines, des coteaux, des collines et des montagnes, selon la région où nous sommes placés. Si nous pouvions voir la terre de très-loin, de la lune par exemple, nous serions surpris de ne plus remarquer ni plaines ni montagnes, de la voir *ronde*, unie comme l'écorce d'une orange, et isolée dans l'espace comme nous apparaissent le soleil, la lune et les étoiles. C'est pourquoi nous disons toujours que la terre est *ronde* comme un *globe* ou une *sphère* (*fig.* 10), malgré ces inégalités. Elle a 40,000 kilomètres ou 10,000 lieues de tour.

Fig. 10.

98. Par quoi la terre est-elle enveloppée ?

La terre est comme enveloppée d'une couche d'air que nous appelons l'*atmosphère*. Cette couche a de 60 à 70 kilomètres d'épaisseur. La couleur bleue du ciel est produite par l'air ou par l'atmosphère. L'air atmosphérique est indispensable à la vie. Au delà des limites de l'atmosphère rien ne peut vivre, ni les animaux, ni les plantes, ni l'homme.

Démonstration familière de la forme de la terre.

99. Quelles sont les preuves les plus sensibles de la sphéricité de la terre ?

Les preuves les plus sensibles de la sphéricité de la terre sont nombreuses ; nous n'en citerons que deux.

Lorsqu'un vaisseau s'éloigne du rivage, on

3.

voit disparaître la coque ou le gros du navire, puis le milieu, et enfin les mâts (*fig.* 11); ceci suppose évidemment que l'océan forme une courbe, peu sensible d'abord, mais qui devient considérable sur une grande étendue.

Fig. 11.

En partant d'un de nos ports, un voyageur, qui s'avance toujours droit devant lui, revient au point de départ par une direction opposée. Cela ne saurait s'expliquer si la terre n'était pas ronde. Les voyages autour du monde sont aujourd'hui très-fréquents.

Double mouvement de la terre.

100. La terre est-elle immobile ?

Les hommes ont cru pendant longtemps que la terre était immobile, et que le soleil tournait autour d'elle. Nous savons à présent que la terre tourne sur elle-même et autour du soleil. Une toupie qui va sur elle-même en suivant un cercle marqué sur le sol nous donnerait une idée de ce double mouvement. On appelle *pôles*

les deux extrémités de l'*axe* de la terre, qui correspondent au clou et à la partie opposée de la toupie.

101. Qu'est-ce que le soleil?

Le soleil est le flambeau du monde; c'est un astre immense, un million quatre cent mille fois plus gros que le globe terrestre et placé à une distance prodigieuse de la terre [1]. C'est un globe de feu, qui tourne sur lui-même, et qui fournit à la terre la lumière qui l'éclaire, la chaleur qui l'anime et les couleurs qui l'embellissent. Le soleil ne se lève ni ne se couche : les expressions *lever* et *coucher du soleil* sont le résultat d'une simple illusion et constituent une manière de parler.

---

1. Un professeur, voulant un jour donner à ses élèves une idée sensible de la grandeur de la terre comparée à celle du soleil, imagina de compter le nombre de grains de blé de grosseur moyenne que peut contenir un *litre :* il en trouva *dix mille.* Un décalitre en renferme par conséquent cent mille; un hectolitre, un million, et quatorze décalitres, un million quatre cent mille. Ayant alors rassemblé en un tas quatorze décalitres de blé, il mit en regard un seul de ces grains, et dit à ses auditeurs : « Voilà en volume la terre, et voici le soleil. »

Cette assimilation frappa l'esprit des élèves infiniment plus que ne l'avait fait la simple énonciation du rapport abstrait 1 à 1,400,000.

102. Qu'est-ce que la lune ?

La lune est un astre environ cinquante fois plus petit que la terre ; elle tire son éclat du soleil, dont elle reflète la lumière, et tourne autour de la terre en 28 jours environ.

Mouvement de rotation de la terre.

103. Que produit le premier mouvement de la terre ?

En tournant sur elle-même, la terre présente successivement au soleil toutes les parties de sa surface ; de sorte que, lorsqu'une portion de notre globe est éclairée, l'autre est dans l'ombre. Ce mouvement de la terre sur elle-même, nommé mouvement de *rotation*, produit le *jour* et la *nuit*. En promenant une grosse boule autour d'une bougie allumée, on peut se faire une idée exacte de la manière dont les parties de la terre sont alternativement éclairées et dans l'ombre.

Mouvement de translation de la terre.

104. Que produit le second mouvement de la terre ?

La terre, dont l'axe conserve toujours la même direction, décrit autour du soleil un cercle allongé et légèrement incliné, qu'on appelle *orbite*. Dans ce mouvement, elle présente au soleil alternativement son pôle nord et son pôle sud. Ce second mouvement de *translation*, qui dure 365 jours et près de six heures, produit, pour chaque hémisphère, la succession régulière du *printemps*, de l'*été*, de l'*automne* et de l'*hiver*, c'est-à-dire des *quatre saisons*, suivant la position que la terre occupe dans son orbite, par rapport au soleil.

Cercles de la sphère.

105. Quels noms donne-t-on aux cercles que l'on voit sur les globes représentant la terre et sur les cartes ?

En examinant un globe représentant la terre, on y voit des lignes qui en font le tour; ce sont des cercles *grands* et *petits*, placés dans un sens

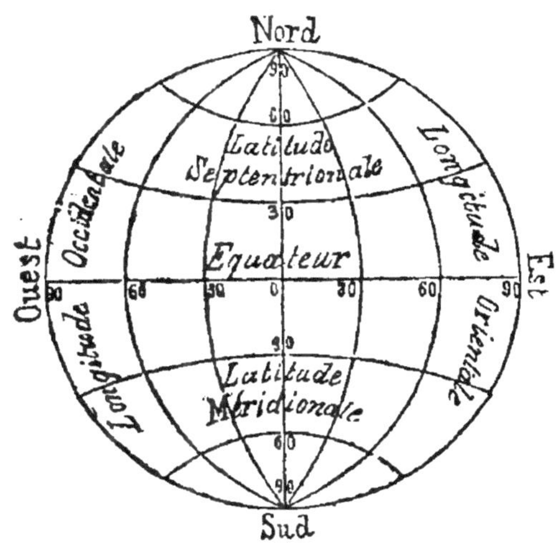

Fig. 12.

inverse (*fig*. 12). Les uns passent par les *pôles* et sont appelés *méridiens*; les autres sont placés à égale distance d'un grand cercle nommé *Équateur*, qui coupe la sphère en deux parties égales ou deux *hémisphères*. Ces diverses lignes n'existent pas sur le globe terrestre : on les y suppose, afin de pouvoir se reconnaître et se diriger plus facilement sur la surface de la terre, et apprécier, d'une manière plus exacte, les distances, ainsi que la position relative des divers pays du monde. Les premiers de ces cercles marquent la *longitude*; les seconds la *latitude*.

[L'élève remplacera les..... des exercices suivants par les mots convenables.]

28ᵉ Exercice.

La terre est le..... que le ..... nous a donné pour ..... pendant notre ....., et où il a placé pour notre ..... ou notre ..... des ..... innombrables de toute ....., des ..... d'une ..... variété, des ..... et des ..... de nature diverse.

En jetant les yeux autour de ....., nous voyons la ..... avec des plaines, des ....., des collines et des ...., selon la ..... où nous sommes placés. Si nous pouvions voir la ..... de très-loin, de la ..... par exemple, nous serions ..... de ne plus remarquer ni ..... ni....., de la voir ....., unie comme l'écorce d'une ....., et ..... dans l'espace comme nous .....

le ....., la lune et les ..... C'est pourquoi nous .....
toujours que la terre est..... comme un ..... ou une
.... malgré ces ..... Elle a ..... kilomètres ou .....
lieues.

La terre est comme ..... d'une couche d'..... que
nous appelons l'..... Cette ..... a de 60 à 70 kilom.
d'..... La couleur ..... du ciel est produite par l'.....
ou par l'..... L'air atmosphérique est ..... à la vie.
Au delà des limites de l'atmosphère rien ne peut ....,
ni les ....., ni l'homme.

29ᵉ Exercice.

Les preuves les plus ..... de la sphéricité de la
terre .... sont ....; nous n'en citerons que deux.

Lorsqu'un ..... s'éloigne du ...., on voit disparaître la ..... ou le gros du ....., puis le ....., et enfin
les .....; ceci suppose évidemment que l'océan .....
une ....,, peu sensible d'abord, mais qui devient .....
sur une ..... étendue.

En partant d'un de nos ....., un voyageur, qui
s'avance toujours ..... devant lui, revient au ..... de
..... par une direction ..... Cela ne saurait s'expliquer si la ..... n'était pas..... Les voyages autour du
..... sont aujourd'hui très-.....

30ᵉ Exercice.

En tournant sur ...., la terre présente successivement au ..... toutes les ..... de sa ....; de sorte que,
lorsqu'une ..... de notre globe est ....., l'autre est
dans l'ombre. Ce ..... de la ..... sur elle-même,
nommé mouvement de ....., produit le ..... et la ....

En..... une grosse boule autour d'une ..... allumée, on peut se ..... une idée ..... de la manière dont les ..... de la terre sont ..... éclairées et dans l'.....

La terre, dont l'axe ..... toujours le même ....., ... autour du soleil un ..... allongé et légèrement ...., qu'on appelle ..... Dans ce ...., elle présente au ..... alternativement son ..... nord et son pôle..... Ce second mouvement de ....., qui ..... 365 j..... et près de ..... heures, produit, pour chaque ....., la ..... régulière du ...., de l'...., de l'.....et de l'hiver, c'est-à-dire des ..... saisons, suivant la ..... que la ..... occupe dans son ...., par rapport au .....

31ᵉ Exercice.

En examinant un ..... représentant la terre, on y ..... des lignes qui en font le ....,; ce sont des ..... grands et ...., placés dans un sens ..... Les uns passent par les..... et sont appelés .....; les autres sont ..... à égale ..... d'un grand ..... nommé ...., qui coupe la ..... en deux ..... égales en deux ..... Ces diverses..... n'existent pas sur le globe..... : on les y ....., afin de pouvoir se ..... et se ..... plus ..... sur la surface de la ....., et apprécier, d'une manière plus ....., les ..... ainsi que la ..... relative des divers ..... du ..... Les premiers de ces ..... marquent la .....; les seconds, la.....

[Le maître complétera par des exercices analogues l'étude des diverses parties de ce chapitre.

CHAPITRE X.

Les cinq parties du monde. — Les grands océans. — Les races humaines.

La terre et les eaux.

106. Comment se divise la surface du globe terrestre ?

La surface du globe terrestre se divise en deux grandes parties inégales, la *terre* et l'*eau*. L'eau occupe une portion du globe presque trois fois plus grande que la terre ; ce qui revient à dire que l'eau couvre environ les trois quarts de la surface terrestre.

107. Quel nom donne-t-on à l'eau qui couvre les trois quarts du globe ?

La terre, comme nous l'avons dit (n° 97), n'est pas unie : on y trouve non-seulement de hautes montagnes, mais encore des profondeurs immenses qui sont remplies par l'eau, et que l'on nomme *océans, mers, lacs* ou *étangs,* selon leur étendue.

Les cinq parties du monde.

108. Qu'appelle-t-on continents ?

Toutes les terres du globe ne se tiennent pas ; elles sont séparées et entourées par les eaux et forment ainsi des *continents*, des *presqu'îles* et des *îles*. On appelle *continents* les terres qui se *tiennent*, c'est-à-dire celles qu'on peut parcourir dans toute leur étendue sans traverser la mer (*voir la mappemonde, fig.* 9, p. 42).

109. Combien y a-t-il de continents ?

Il y en a deux principaux, l'*ancien* et le *nouveau*.

110. Comment se divisent ces continents ?

L'ancien continent ou Monde Ancien se divise en trois parties : l'*Europe*, l'*Asie et* l'*Afrique;* le nouveau continent ou Nouveau-Monde comprend l'*Amérique*. L'*Océanie*, distincte de ces deux continents, complète ces cinq grandes divisions du globe, qui sont appelées les *cinq parties du monde*. Chacune de ces parties se subdivise en un certain nombre de *contrées* formant des empires, des royaumes, des républiques ou des principautés.

111. Quelles sont les cinq parties du monde ?

Les cinq parties du monde sont : l'Europe, l'Asie, l'Afrique, l'Amérique et l'Océanie.

112. Quelles sont l'étendue et la population de chacune des cinq parties du monde ?

L'Europe a 300 millions d'habitants et une surface de 10 millions de kilomètres carrés.

L'Asie a 800 millions d'habitants et une surface de 45 millions de kilomètres carrés.

L'Afrique a 100 millions d'habitants et une
surface de 30 millions de kilomètres carrés.

L'Amérique a environ 100 millions d'habitants et une surface de 40 millions de kilomètres
carrés.

L'Océanie a 36 millions d'habitants et une surface de 10 millions de kilomètres carrés.

Les grands océans.

113. Comment se divise l'océan ?

L'océan se divise en cinq grandes parties :

1° L'Océan Atlantique, situé entre l'ouest de
l'ancien continent et l'est du nouveau ;

2° L'Océan Pacifique ou Grand Océan, compris entre l'est de l'ancien continent et l'ouest
du nouveau ;

3° L'Océan Indien, situé au sud d'une partie
de l'ancien continent ;

4° L'Océan Glacial du Nord *ou* arctique, qui
baigne le nord de l'Europe, de l'Asie et de
l'Amérique ;

5° L'Océan Glacial du Sud *ou* antarctique,
situé au sud de l'Afrique, de l'Amérique et de
l'Océanie.

Les races humaines.

114. Par quels peuples sont habitées les cinq parties du monde ?

Les cinq parties du monde sont habitées par des peuples de race et de couleur différentes.

115. En combien de races peut-on diviser le genre humain ?

Le genre humain peut se diviser en cinq grandes races :

La race blanche, qui peuple l'Europe, l'Asie occidentale et le nord de l'Afrique (*fig.* 13) ;

La race jaune, qui occupe le centre et l'est de l'Asie (*fig.* 14) ;

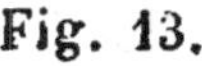

Fig. 13.

Fig. 14.

La race nègre, qui occupe toute la partie de l'Afrique au sud du grand désert de Sahara, et

Fig. 15.

une grande partie de l'Océanie (*fig.* 15) ;

La race malaise, variété de la race jaune, qui habite la Malaisie ;

La race rouge, qui occupe les deux Amériques, mais qui disparaît graduellement devant la race blanche.

[L'élève remplacera les ..... des exercices suivants par les mots convenables.]

32e Exercice.

La surface du.... terrestre se.... en deux grandes ..... inégales, la ..... et l'eau. L'eau occupe une ..... du..... presque trois fois plus.... que la terre ; ce qui.... à dire que l'eau couvre environ les..... quarts de la surface .....

La ..... n'est pas unie : on y ..... non-seulement de ..... montagnes, mais encore des .... profondeurs ..... qui sont remplies par l'....., et que l'on ..... océans, ..., ..., ou .... selon leur .....

33e Exercice.

Toutes les ..... du ..... ne se tiennent pas ; elles sont séparées et ..... par les ..... et forment ainsi des

....., des presqu'îles et des ..... On appelle continents les..... qui se ....., c'est-à-dire celles qu'on peut ..... dans toute leur ..... sans ..... la .....

Il y a ..... continents principaux, l'..... et le ....

L'ancien ..... ou Monde ..... se divise en ..... parties : l'...., l'.... et l'.....; le nouveau ..... ou ..... Monde comprend l'..... L'...., distincte de ces deux ....., complète ces cinq grandes ..... du ....., qui sont.... les ..... parties du.....

Les cinq .... du monde sont : l'E...., l'A...., l'A...., l'A.... et l'O.....

34e Exercice.

L'océan se divise en ..... grandes parties :

1° L'Océan ...., situé entre l'ouest de l'ancien ..... et l'..... du nouveau ;

2° L'Océan ..... ou G..... O....., compris entre ..... de l'ancien..... et l'..... du nouveau ;

3° L'Océan !..... situé au ....., d'une partie de l'..... continent ;

4° L'Océan ..... du Nord ou ..... qui baigne le ..... de l'Europe, de l'..... et de l'A.....;

5° L'Océan ..... du Sud ou ..... situé au ..... de l'Af...., de l'..... et de l'.....

[Le maître complétera l'étude de ce chapitre par des exercices analogues sur la population des cinq parties du monde et sur les races humaines.]

CHAPITRE XI.

L'Europe : principales contrées et productions.

116. Qu'est-ce que l'Europe ? Quelles sont ses bornes ?

L'*Europe* est la plus petite des cinq parties du monde ; mais c'est la plus peuplée, la mieux cultivée, la plus civilisée, la plus riche sous le rapport de l'agriculture, du commerce et de l'industrie. Elle est bornée : au nord, par l'océan Glacial arctique ; à l'est, par les monts Ourals et le fleuve Oural, qui la séparent de l'Asie ; au sud, par les monts Caucase et la mer Méditerranée ; à l'ouest, par l'océan Atlantique.

117. Par quels peuples l'Europe est-elle habitée ?

L'Europe est habitée par des peuples d'origines diverses, confondus sous le nom d'*Européens*.

118. Quel est l'aspect du sol de l'Europe ?

L'Europe est partagée du sud-ouest au nord-est par une série de collines et de montagnes, dont quelques-unes sont très-élevées, et qui portent des noms différents : *Carpathes, Alpes, Pyrénées,* etc. Les fleuves, et les rivières qui prennent leur source dans ces collines et ces

EUROPE
OCÉAN GLACIAL ARCTIQUE
OCÉAN ATLANTIQUE
AFRIQUE
MER MÉDITERRANÉE
Mer Noire
ASIE
RUSSIE
Finlande
St Pétersbourg
Moscou
Saratov
Astrakhan
Bérézov
Tobolsk
Aral
Kiev
Kharkov
Paris
Londres
Berlin
Bruxelles
Stockholm
AUTRICHE
Varsovie
Constantinople
Smyrne
Tunis
10 Paris Delalain 0

Fig. 16.

montagnes se jettent par des pentes opposées soit dans l'Océan, soit dans la mer Méditerranée ou dans les golfes et petites mers qui en sont formés. Les principaux de ces fleuves sont : le *Volga*, le *Danube*, le *Pô*, le *Rhône*, le *Tage*, la *Garonne*, la *Loire*, la *Seine*, le *Rhin* et la *Vistule*.

119. En combien de contrées se divise l'Europe ?

L'Europe se divise en quinze *États* ou *contrées* principales.

120. Dites les contrées de l'Europe classées par rapport à la population.— Quelles en sont les capitales ?

Les contrées de l'Europe sont :

CONTRÉES.	POPULATION.	CAPITALES.
La Russie d'Europe,	65,600,000.	Saint-Pétersbourg.
L'Allemagne avec la Prusse,	43,000,000.	Berlin.
La France,	36,900,000.	Paris.
L'Autriche avec la Hongrie,	35,900,000.	Vienne.
L'Angleterre avec l'Écosse et l'Irlande,	33,400,000.	Londres.
L'Italie,	27,500,000.	Rome.
L'Espagne,	16,800,000.	Madrid.
Le Portugal,	4,400,000.	Lisbonne.
La Turquie d'Europe,	9,400,000.	Constantinople.
La Suède avec la Norwége,	6,200,000.	Stockholm.
La Belgique,	5,400,000.	Bruxelles.
Les Pays-Bas *ou* Hollande,	3,800,000.	La Haye.
La Suisse,	2,750,000.	Berne.
Le Danemark,	1,900,000.	Copenhague.
La Grèce,	1,500,000.	Athènes.

Outre ces quinze États, on trouve en Europe

quatre petites principautés indépendantes, savoir :

	POPULATION.	CAPITALE.
République d'Andorre, (*dans les Pyrénées*),	12,000.	Andorre.
Principauté de Lichtenstein, (*entre la Suisse et l'Autriche*),	8,000.	Vadutz.
République de Saint-Marin, (*en Italie*),	7,000.	Saint-Marin.
Principauté de Monaco, (*dans les Alpes Maritimes*),	3,000.	Monaco.

121. Quelles sont les principales productions de l'Europe ?

C'est surtout dans la région tempérée de l'Europe, c'est-à-dire au centre et au midi, que l'on trouve d'importantes productions de la terre, d'utiles animaux. Le blé, l'avoine, l'orge, la pomme de terre, le lin, le chanvre, les légumes, les fruits, la vigne, *etc.*, y viennent abondamment. Le bœuf, le cheval, le mouton, le porc, les volailles y sont faciles à élever. Dans les régions de la Méditerranée on cultive l'olivier, l'oranger et le mûrier, dont la feuille nourrit le ver à soie.

Au nord se trouvent de vastes forêts, dont les bois sont utilisés pour la construction des vaisseaux. A mesure qu'on s'avance vers les pôles, la neige et la glace couvrent le pays pendant une grande partie de l'année. Les habitants des régions polaires, connus sous le nom de Lapons, seraient les êtres les plus malheureux de la terre si Dieu ne leur avait donné un animal extrêmement précieux, le *renne*, sorte de grand cerf qui remplace pour eux les animaux domestiques : il traîne les véhicules et porte les fardeaux ; sa chair et son lait servent d'aliments.

Les mines d'or et d'argent sont rares en Europe ; mais on y trouve en abondance le fer, le plus utile des métaux par les services qu'il rend.

[L'élève remplacera les ..... des exercices suivants par les mots convenables.]

35ᵉ Exercice.

L'Europe est la plus ..... des ..... parties du ..... ; mais c'est la plus ..... la mieux ....., la plus civilisée, la plus ..... sous le rapport de l'agriculture, du ..... et de l'..... Elle est .... : au ...., par l'Océan ..... arctique ; à l'est, par les monts ..... et le fleuve ...... qui la séparent de l'..... ; au sud, par les monts ..... et la mer ..... ; à l'ouest, par l'Océan .....

L'Europe est habitée par des ..... d'origines ....., confondus sous le nom d'.....

L'Europe est ..... du sud-ouest au ..... par une ..... de ..... ou de montagnes, dont quelques-unes sont très-....., et qui portent des ..... différents.

Les fleuves et les ..... qui prennent leur ..... dans

ces ..... et ces ..... se jettent par des ..... opposées soit dans l'....., soit dans la mer ..... ou dans les ..... et petites mers qui en sont ..... Les principaux de ces ..... sont : le Volga, le D....., le ....., le ....., le ....., la ....., la ....., la ....., le ..... et la .....

36ᵉ Exercice.

L'Europe se divise en .... États ou .... principales, qui sont :

La Russie d'Europe, cap. ....; l'Allemagne avec la Prusse, cap. .....; la France, cap. .....; l'Autriche avec la Hongrie, cap. ....; l'Angleterre avec l'Écosse et l'Irlande, cap. ..... ; l'Italie, cap. .....; l'Espagne, cap. .....; le Portugal, cap. .....; la Turquie d'Europe, cap. ....; la Suède avec la Norwége, cap. ....; la Belgique, cap. .....; les Pays-Bas *ou* Hollande, cap. .....; la Suisse, cap. .....; le Danemark, cap. .....; la Grèce, cap. .....

37ᵉ Exercice.

[L'élève fera connaître la contrée habitée par chacun des peuples suivants. Exemple : les FRANÇAIS *habitent la France.*]

Les Anglais.	Les Écossais.	Les Prussiens.
Les Grecs.	Les Allemands.	Les Hollandais.
Les Suédois.	Les Italiens.	Les Irlandais.
Les Russes.	Les Portugais.	Les Norwégiens.
Les Danois.	Les Hongrois.	Les Espagnols.
Les Belges.	Les Autrichiens.	
Les Suisses.	Les Turcs.	

CHAPITRE XII.

L'Asie : principales contrées et productions.

122. Qu'est-ce que l'Asie ?

L'*Asie* est la plus grande des cinq parties du monde; elle a quatre fois l'étendue de l'Europe.

123. Où est située l'Asie ? Quelles sont ses bornes ?

L'*Asie* est située à l'est de l'Europe, dont elle est séparée par deux grandes chaînes de montagnes, les *monts Ourals* et les *monts Caucase*. Elle est rattachée à l'Afrique par l'*isthme de Suez;* un simple détroit, celui de *Behring*, la sépare de l'Amérique du Nord. Elle a pour bornes : au nord, l'Océan Glacial arctique; à l'est, le Grand Océan; au sud, l'Océan Indien ; à l'ouest, la mer Méditerranée et l'Europe.

124. Quel est l'aspect du sol de l'Asie?

Le sol de l'Asie est plat dans les régions du nord et fortement accidenté dans les autres parties. Au centre se trouve un immense plateau d'une altitude considérable, d'où s'élèvent les plus hautes montagnes du monde, parmi lesquelles sont les *monts Himalaya*. De nombreux cours d'eau, dont les plus remarquables sont l'*Obi*, le *Sakhalien*, le fleuve *Jaune*, le *Gange*, prennent leur source dans ces montagnes et coulent dans la direction de l'Océan Glacial arctique, du Grand Océan ou de l'Océan Indien.

125. Quelles sont les productions de l'Asie ?

Le nord de l'Asie renferme de vastes déserts ; l'hiver y est long et d'une rigueur extrême. Les autres régions de l'Asie jouissent d'un climat doux et salubre. Le sol, presque stérile au nord, est d'une grande fertilité partout ailleurs et produit du blé, du coton, du café, des olives, du thé, du camphre, des dattes, de la soie, des épices (cannelle et poivre), du sucre, des fruits délicieux. Outre les animaux d'Europe, on trouve dans le nord de l'Asie la martre et l'hermine, recherchées pour leur fourrure, et, dans le midi, la chèvre du Thibet, dont le poil sert à fabriquer des tissus et des châles d'un prix élevé ; l'éléphant, le chameau, le rhinocéros, le buffle, sorte de grand bœuf sauvage, le tigre, le crocodile, des serpents dangereux, une foule d'oiseaux parés des plus vives couleurs. Le sol de l'Asie renferme des mines d'or, d'argent, d'étain, enfin des diamants et d'autres pierres précieuses.

126. Quelles sont les principales contrées de l'Asie ?

Les principales contrées de l'Asie sont :

CONTRÉES.	CAPITALES.
La Sibérie, appelée aussi Russie d'Asie parce qu'elle fait partie de l'empire russe d'Europe,	Tobolsk.
L'empire Chinois, l'État le plus populeux du monde,	Pékin.
Le Japon,	Yédo.
L'Indo-Chine, ville principale :	Bankok.
L'Hindoustan,	Calcutta.
La Perse,	Téhéran.
Le Turkestan indépendant.	Boukhara.
L'Arabie,	La Mecque.
La Turquie d'Asie, villes princip.:	Smyrne et Jérusalem.

Il y a en outre d'autres petits États moins importants : l'Afghanistan, le Béloutchistan et le Hérat, entre l'Hindoustan et la Perse ; la Kashgarie, entre la Chine et le Turkestan, *etc.*

127. Par quoi l'Asie est-elle célèbre ?

C'est en Asie que le genre humain a pris naissance. La tradition place le paradis terrestre, le premier séjour d'Adam, vers les sources du Tigre et de l'Euphrate, deux rivières qui coulent dans la Turquie d'Asie. Après le déluge, Noé et ses fils s'établirent au pied du mont Ararat, où l'arche s'était arrêtée. C'est de cette région que les fils de Noé partirent pour repeupler la terre. C'est aussi dans la Turquie d'Asie que se trouve la vallée du Jourdain, où s'établit le peuple de Dieu, dont la capitale, Jérusalem, fut témoin des prédications de Jésus-Christ et de sa mort sur la croix.

128. Par quels peuples l'Asie est-elle habitée ?

L'Asie est habitée : au nord par les Sibériens, de race blanche ; à l'ouest par les Japonais et les Chinois, de race jaune ; au sud par les Hindous, de race malaise ou brune ; à l'est par les Arabes, les Persans et les Turcs, qui se rattachent à la race blanche.

129. Que pouvons-nous tirer de l'Asie ?

Nous pouvons tirer de l'Asie des métaux, tels que l'or, l'argent, le platine, l'étain ; des diamants, des perles, de la nacre, des pierres précieuses ; le café, la gomme dite arabique, la myrrhe, l'encens, le poivre, la cannelle, la canne à sucre, le coton, le thé ; des fourrures, des cuirs, des châles ; la porcelaine de Chine et du Japon ; des ouvrages en bois vernis ; le papier, l'encre de Chine ; des tapis, des tissus de soie, *etc.*

Les Européens ont porté leur civilisation dans l'Asie, où ils possèdent même des États importants, comme : l'Hindoustan, qui appartient à l'Angleterre; la Cochinchine, qui appartient à la France, *etc*.

[L'élève remplacera les ..... des exercices suivants par les mots convenables.]

38ᵉ Exercice.

L'Asie est la plus ..... des cinq ..... du .....; elle a ..... fois l'étendue de l'.....

L'Asie est située à l'..... de l'Europe, dont elle est séparée par ..... grandes ..... de ....., les monts ..... et les monts ..... Elle est rattachée à ..... par l'isthme de .....; un simple ....., celui de ...., la sépare de l'..... du Nord. Elle a pour ..... : au nord, l'Océan Glacial .....; à l'....., le Grand .....; au ....., l'Océan .....; à l'ouest, la mer ..... et l'.....

39ᵉ Exercice.

Le sol de l'Asie est ..... dans les ..... du nord et fortement accidenté dans les ..... parties. Au centre se ..... un immense ..... d'une ..... considérable, d'où s'élèvent les plus ..... montagnes du ....., parmi lesquelles sont les monts ..... De nombreux ..... d'eau, dont les plus ..... sont l'....., le ....., le fleuve ....., le ....., prennent leur ..... dans ces ..... et coulent dans la direction de l'..... Glacial ....., du Grand ..... ou de l'..... Indien.

40ᵉ Exercice.

Les principales contrées de l'Asie sont :
La Sibérie ou Russie d'Asie, cap. .....; l'empire Chinois, cap. .....; le Japon, cap. .....; l'Indo-Chine,

ville principale ..... ; l'Hindouslan, cap. .....; la Perse, cap. .....; le Turkestan, cap. .....; l'Arabie, cap. .....; la Turquie d'Asie, villes principales ..... et .....

L'Asie est ..... : au nord, par les ....., de race .....; à l'ouest, par les .... et les ....., de race .....; au sud, par les ....., de race ..... ou .....; à l'....., par les ....., les ..... et les ....., qui se rattachent à la race .....

[Le maître complétera l'étude de ce chapitre par des exercices analogues sur les productions de l'Asie, sur les faits qui ont rendu célèbre cette partie du monde, sur les objets qu'on peut en tirer.]

———◦———

CHAPITRE XIII.

L'Afrique; principales contrées et productions.

130. Qu'est-ce que l'Afrique ?

L'*Afrique* est une des cinq parties du monde ; elle a trois fois l'étendue de l'Europe ; mais sa population s'élève à peine à 100 millions d'habitants.

131. Où est située l'Afrique ? Quelles sont ses bornes ?

L'*Afrique* est située au sud de l'Europe, dont elle est séparée par la mer Méditerranée. Elle est rattachée à l'Asie par un isthme étroit, l'*isthme de Suez*. Elle est bornée : au nord, par la mer Méditerranée; à l'est, par l'Océan Indien; au sud, par l'Océan Glacial antarctique; à l'ouest, par l'Océan Atlantique.

132. Quel est l'aspect général du sol de l'Afrique?

L'Afrique n'est bien connue que dans son contour, c'est-à-dire dans les régions baignées par les mers. Ses principaux fleuves sont : le *Nil*, qui se jette dans la mer Méditerranée; le *Sénégal* et la *Gambie*, le *Niger* et le *Congo*, qui se jettent dans l'Océan Atlantique. Sa partie centrale est parsemée de grands lacs. Sa situation sous l'équateur, où le soleil darde sans cesse des rayons ardents, lui donne une température brûlante. Elle renferme d'immenses déserts, que couvrent de véritables montagnes de sable. Les contrées intérieures, remplies d'animaux féroces et de serpents monstrueux, et habitées par des peuplades sauvages, ont été jusqu'à ces derniers temps d'un accès très-difficile et pour ainsi dire impossible. Cependant d'intrépides voyageurs et de zélés missionnaires ont fait les plus héroïques efforts pour y pénétrer. L'époque ne semble donc pas très-éloignée où nous pourrons connaître le centre de l'Afrique.

133. Quelles sont les productions de l'Afrique?

Les côtes de l'Afrique sont fertiles, et la végétation y est beaucoup plus active qu'en Europe. On trouve souvent dans les déserts des espaces habités, couverts d'arbres et de verdure, appelés *oasis*. On récolte en Afrique non-seulement les céréales, telles que le blé, l'orge, le maïs, *etc.*, mais encore le coton, le tabac, le café, le thé; on y cultive également la vigne et la canne à sucre. Parmi les arbres qui croissent le plus communément dans cette partie du monde, on peut citer l'oranger, l'olivier, le citronnier, le palmier, le bananier, le dattier, dont les excellents fruits servent de nourriture aux habitants des régions reculées, l'arbre à gomme, sorte d'acacia, l'arbre à myrrhe, et le baobab, dont le développement atteint des proportions colossales. C'est en Afrique qu'on rencontre le plus grand nombre d'animaux féroces et carnassiers, tels que lions, tigres, panthères, léopards, hyènes, crocodiles, serpents boas, *etc.* On y trouve aussi le dromadaire, l'éléphant, la girafe, le zèbre ou âne rayé, la gazelle.

L'autruche, le plus gros des oiseaux, dont les plumes sont très-recherchées, habite les déserts de l'Afrique.

134. Quelles sont les principales contrées de l'Afrique ?

Les principales contrées de l'Afrique sont :

L'*Égypte*, capitale *Le Caire*, pays que les inondations périodiques du Nil rendent très-fertile ;

La *régence de Tripoli*, capitale *Tripoli;*

La *régence de Tunis*, capitale *Tunis;*

L'*Algérie*, colonie française, capitale *Alger;*

Le *Maroc*, capitale *Maroc ;*

Le *Sahara*, ville principale *Aghadès;*

Le *Sénégal* ou *Sénégambie*, colonie française, capitale *Saint-Louis;*

La *Guinée*, capitale *Coumassié;*

Le *gouvernement du Cap*, colonie anglaise, capitale *Cape-Town* ou *le Cap;*

Le *Mozambique*, capitale *Mozambique;*

Le *Zanguebar*, capitale *Zanguebar;*

La *Nubie*, ville principale *Dongolah;*

L'*Abyssinie*, capitale *Gondar*.

135. Par quels peuples l'Afrique est-elle habitée ?

Le nord de l'Afrique est habité par des Arabes ou des Européens de race blanche ; le reste par des variétés de nègres idolâtres, vivant à l'état sauvage, au moins dans les contrées éloignées de la mer.

136. Que pouvons-nous tirer de l'Afrique ?

Nous tirons de l'Afrique du blé, du café, du lin, des dattes, des figues, des oranges, des citrons, des olives, de l'huile d'olive et de palme, des vins, des épices, du café, de la gomme, du coton, de l'indigo, des cuirs maroquins, des plumes d'autruche, de l'ivoire provenant des dents des éléphants, de la poudre d'or, des laines fournies par les troupeaux du Cap, des diamants, *etc.*

[L'élève remplacera les..... des exercices suivants par les mots convenables.]

41ᵉ Exercice.

L'Afrique est une des ..... parties du .....; elle a trois fois l'..... de l'Europe; mais sa ..... s'élève à peine à ..... millions d'.....

L'Afrique est située au ..... de l'Europe, dont elle est séparée par la ..... Elle est rattachée à l'..... par un ..... étroit, l'..... de ..... Elle est ..... : au nord, par la mer .....; à l'est, par l'..... Indien; au ....., par l'..... Glacial .....; à l'ouest, par l'Océan .....

42ᵉ Exercice.

L'Afrique n'est ..... que dans son ....., c'est-à-dire dans les ..... baignées par les..... Ses principaux ..... sont : le ....., qui se jette dans la mer .....; le ..... et la ....., le ..... et le ...., qui se jettent dans l'Océan

..... Sa partie ..... est ..... de grands ..... Sa situation sous l'....., où le ..... darde sans cesse des ..... ardents ....., lui donne une température ..... Elle renferme d'immenses..., que couvrent de véritables ..... de sable. Les contrées intérieures, remplies d'.... féroces et de ..... monstrueux, et habitées par des .... sauvages, ont été jusqu'à ces .... d'un accès très-..... et pour ainsi dire ..... Cependant d'intrépides..... et de zélés ..... ont fait les plus..... efforts pour y ..... L'époque ne semble donc pas très-..... où nous pourrons ..... le centre de l'.....

43e Exercice.

Les principales contrées de l'Afrique sont :

L'Égypte, capitale le ....., pays que les ..... périodiques du ..... rendent très-.....; la régence de Tripoli, cap. .....; la régence de Tunis, cap. .....; l'Algérie, colonie ...... cap. .....; le Maroc, cap. .....; le Sahara, ville princip. .....; le Sénégal ou Sénégambie, colonie ....., cap. .....; la Guinée, cap......; le gouvernement du Cap, colonie ....., cap. ..... ou le.....; le Mozambique, cap. ..... ; le Zanguebar, cap. .....; la Nubie, ville principale .....; l'Abyssinie, cap. .....

Le nord de l'Afrique est habité par des ..... ou des ..... de race .....; le reste par des ..... de ... . idolâtres, vivant à l'état ....., au moins dans les ..... éloignées de la .....

[Le maître complétera l'étude de ce chapitre par des exercices analogues sur les productions de l'Afrique et sur les objets qu'on peut en tirer.]

CHAPITRE XIV.

L'Amérique; principales contrées et productions.

137. Qu'est-ce que l'Amérique ?

L'*Amérique* est une des cinq parties du monde. On l'appelle encore le Nouveau Continent, le Nouveau Monde, parce qu'elle n'est connue que depuis environ quatre siècles. L'Amérique fut découverte par *Christophe Colomb* en 1492. Son nom lui vient d'*Améric Vespuce*, navigateur florentin, qui ne visita les côtes de ce pays qu'après Colomb, mais qui publia le premier une relation détaillée de son voyage.

138. Où est située l'Amérique ?

L'*Amérique* est située au milieu de l'Océan, à l'ouest de l'Europe et de l'Afrique. En partant d'un de nos ports de l'Océan, du Havre, par exemple, de Saint-Nazaire ou de Bordeaux, et en naviguant toujours en ligne droite, on arrive, après une traversée de dix ou douze jours, dans un des ports de l'Amérique.

139. Quel est l'aspect de l'Amérique ?

L'Amérique s'étend d'un pôle à l'autre; elle se divise en deux grandes presqu'îles, l'Amérique du Nord et l'Amérique du Sud, unies par un isthme de 40 kilomètres, appelé l'*isthme de*

Panama. Elle est traversée dans toute sa longueur par une chaîne de montagnes, qui porte le nom de *montagnes Rocheuses* au nord, et de *Cordillières des Andes* au sud ; ces monts renferment des pics élevés, des volcans, des plateaux remarquables par leur hauteur. Les plus grands fleuves du monde prennent leur source à l'est de ces montagnes et roulent vers l'océan Atlantique d'immenses volumes d'eau. Les plus remarquables de ces fleuves sont : le *Mississipi*, dans l'Amérique du Nord, et l'*Amazone*, dans l'Amérique du Sud.

140. Quelles sont les productions de l'Amérique ?

La terre est à peu près stérile dans le voisinage des pôles ; mais à mesure qu'on descend vers le centre le sol devient de plus en plus fertile. On trouve dans le Nouveau Monde d'immenses forêts remplies d'arbres gigantesques et peuplées d'innombrables oiseaux, dont le plumage de diverses couleurs est d'une grande beauté. Outre les plantes utiles d'Europe, on cultive encore en Amérique le cotonnier, le caféier, le cacaotier, dont le fruit sert de base au chocolat, la canne à sucre ; on y trouve le quinquina, employé en médecine, le palmier, l'oranger, le citronnier, l'arbre à caoutchouc, les épices, les bois de teinture, le bois de fer, le palissandre et l'acajou, employés surtout dans la fabrication des meubles, *etc.* Parmi les animaux particuliers au Nouveau Monde, on peut citer le castor, la sarigue, le lama, le colibri, l'oiseau-mouche, et enfin de nombreuses variétés de perroquets. Les métaux précieux, tels que l'or et l'argent, abondent dans les mines du Mexique, du Pérou et du Brésil. Dans le nord se rencontrent des mines d'huile minérale ou pétrole.

141. Quelles sont les principales contrées de l'Amérique?

Les principales contrées de l'Amérique sont :

1° Dans l'Amérique du Nord : la *Confédération du Canada*, placée sous la dépendance de l'Angleterre, capitale *Ottawa*, ville principale *Québec*; les *États-Unis*, capitale *Washington*; le *Mexique*, capitale *Mexico*;

2° Dans l'Amérique du Sud : le *Brésil*, capitale *Rio-de-Janeiro*; le *Pérou*, capitale *Lima*; la république *Argentine*, capitale *Buénos-Ayres*; le *Chili*, capitale *Santiago*; la *Patagonie*, vaste région peu connue, située tout à fait à l'extrémité méridionale.

142. Par quelles races l'Amérique est-elle habitée?

Les habitants de l'Amérique peuvent se diviser en quatre races :

1° Les habitants primitifs ou indigènes, au teint rouge cuivré, appartenant à la race américaine, dite des *Peaux-rouges*, dont il ne reste plus que quelques peuplades dans les États-Unis ;

2° Les blancs, qui sont venus d'Europe après la découverte, et qui forment aujourd'hui la partie la plus nombreuse de la population dans les États-Unis, le Mexique, le Brésil, le Pérou ;

3° Les nègres, qu'on y a transportés d'Afrique, afin de les occuper à la culture, et qui, longtemps esclaves, sont affranchis et libres aujourd'hui ;

4° Les métis, issus du mélange des trois races, et qui sont répandus dans toute l'Amérique.

143. Quels sont les produits que nous pouvons tirer d'Amérique ?

Nous pouvons tirer de l'Amérique des bois de diverses espèces, des fourrures, des céréales, du coton, du cacao, du café, du tabac, le bois de teinture, le quinquina, la canne à sucre, le caoutchouc, des viandes salées, des laines, des peaux de bœuf, le guano, qui sert d'engrais, le pétrole, le mercure, l'argent, des drogueries, des huiles de poisson, *etc*.

[L'élève remplacera les ..... des exercices suivants par les mots convenables.]

44ᵉ Exercice.

L'Amérique est une des ..... parties du ..... ; on l'appelle encore le ..... Continent, le Nouveau ....., parce qu'elle n'est ..... que depuis environ ..... siècles. L'Amérique fut découverte par ..... en ..... Son nom lui vient d'..... V....., navigateur ..... qui ne .....les ..... dans ce pays qu'après ...., mais qui publia le ..... une relation détaillée de son .....

L'Amérique est située au ..... de l'Océan, à l'ouest de ..... et de ..... En partant d'un de nos ..... de l'...., du H....., par exemple, de Saint-N..... ou de ....., et en naviguant toujours en ligne ....., on arrive, après une ..... de ..... ou ..... jours, dans un des ..... de l'.....

45ᵉ Exercice.

L'Amérique s'étend d'un ..... à l'....; elle se divise en deux grandes ....., l'Amérique du ..... et l'..... du Sud, unies par un ..... de ..... kilomètres, appelé l'..... de ..... Elle est ..... dans toute sa ..... par une c..... de montagnes, qui porte le ..... de montagnes ..... au ...., et de C.... des ..... au sud; ces ..... renferment des ..... élevés, des volcans, des ..... remarquables par leur ..... Les plus grands ..... du ..... prennent leur ..... à l'..... de ces ..... et roulent vers l'océan ..... d'immenses..... d'eau. Les plus remarquables sont : le M...., dans l'Amérique du ...., et l'...., dans l'Amérique du .....

46ᵉ Exercice.

Les principales contrées de l'Amérique sont :
Dans l'..... du ..... : la Confédération du Canada, placée sous la ..... de l'....., capitale ....., ville principale .....; les États-Unis, cap. .....; le Mexique, cap. .....

Dans l'.... du ..... : le Brésil, cap. .....; le Pérou, cap. .....; la république Argentine, cap. .....; le Chili, cap. ....; la Patagonie, vaste ..... peu connue, ... tout à fait à l'..... méridionale.

47ᵉ Exercice.

Les habitants de l..... peuvent se diviser en ..... races.
Les habitants ..... ou ....., au teint rouge ....., appartenant à la race ...., dite des *Peaux* ...., dont il ne reste plus que quelques ..... dans les .....;
Les blancs, qui sont venus d'..... après la ....., et qui forment aujourd'hui la ..... la plus ..... de la ... dans les ...., le ....., le Brésil, le .....;
Les nègres, qu'on y a ..... d'...., afin de les ..... à la ....., et qui, longtemps ....., sont ..... et libres ....;
Les métis, issus du ..... des trois ...., et qui sont ..... dans toute l'.....

[Le maître complétera l'étude de ce chapitre par des exercices analogues sur les productions de l'Amérique.]

CHAPITRE XV.

L'Océanie; principales îles et productions.

144. Qu'est-ce que l'Océanie ?

L'*Océanie* forme la cinquième partie du monde; elle n'a été découverte qu'après l'Amérique.

145. Où est située l'Océanie ?

L'*Océanie* est située dans la partie méridionale du monde, entre l'Asie et l'Amérique. Elle se compose d'une infinité d'îles disséminées dans le Grand Océan et dans l'océan Indien. La terre la plus considérable de l'Océanie est l'Australie ou Nouvelle-Hollande, qui est presque aussi grande que l'Europe, et qui appartient à l'Angleterre.

146 Quel est l'aspect de l'Océanie ?

Les îles de l'Océanie sont en général montagneuses et volcaniques. Le climat y est chaud, mais tempéré par le voisinage de la mer.

147. Quelles sont les productions de l'Océanie ?

Les îles de l'Océanie fournissent en général le café, la canne à sucre, le tabac, le lin, le riz, le coton, les bois de teinture, de construction et d'ébénisterie; elles produisent le cannellier, le poivrier, le cocotier, le giroflier, le muscadier. On y trouve le charbon de terre, le soufre, le fer, le cuivre, l'étain, de riches mines d'or et des diamants. Les immenses pâturages de l'Australie nourrissent de nombreux troupeaux, qui donnent de grandes quantités de laine. Les îles de la partie à laquelle on a donné le nom de *Malaisie* sont extrêmement fertiles ; les terres y sont toujours couvertes de verdure ; mais elles sont peuplées de rhinocéros et d'hippopotames.

148. Comment se divise l'Océanie ?

L'Océanie se divise en quatre parties principales :

La *Malaisie*, qui renferme les grandes et riches îles de *Sumatra* et de *Java*, appartenant aux Hollandais ; la *Mélanésie* (îles des Noirs), qui comprend l'*Australie*, dont les villes principales sont *Sydney* et *Melbourne* ; la *Micronésie*, moins importante et formée de *petites îles* ; la *Polynésie*, qui s'étend sur une vaste étendue semée d'*îles nombreuses*.

149. Par quels peuples ces îles sont-elles habitées ?

La Malaisie tire son nom de la race *malaise*, qui l'habite, et qui est une variété de la race jaune ; les habitants de la Mélanésie appartiennent à la race noire ; ils sont sauvages et souvent anthropophages, c'est-à-dire qu'ils se nourrissent de chair humaine. Dans d'autres parties de l'Océanie, on rencontre une race au teint basané, qui semble tenir de la race blanche.

150. Que pouvons-nous tirer de l'Océanie ?

Nous tirons de l'Océanie des épices, du poivre, de la cannelle, de la noix de muscade, du riz, du sucre, du tabac, du caoutchouc, du lin, du coton, des laines brutes, des bois de teinture et d'ébénisterie, de l'ivoire, de l'or, de l'étain, *etc.*

[L'élève remplacera les ..... des exercices suivants par les mots convenables.]

48ᵉ Exercice.

L'Océanie ..... la ..... partie du .....; elle n'a été ..... qu'après l'.....

L'Océanie est ..... dans la partie ...., du ...., entre l'..... et l'..... Elle se compose d'une infinité d'..... disséminées dans le ..... Océan et dans l'Océan ..... La terre la plus ..... de l'..... est l'.... ou Nouvelle-....., qui est presque aussi ..... que l'...., et qui appartient à l'.....

Les îles de l'.... sont en général.... et ..... Le climat y est ...., mais tempéré par le ..... de la .....

49ᵉ Exercice.

L'Océanie se ..... en ..... parties principales :

La ....., qui renferme les ..... et ..... îles de ..... et de ...., appartenant aux .....; la .... (îles des noirs), qui comprend l'....., dont les villes principales sont

..... et ....; la ...., moins ..... et formée de ..... îles;
la ...., qui s'étend sur une vaste ..... semée d'îles.....

La Malaisie tire son nom de la race ...., qui l'habite,
et qui est une ..... de la ..... jaune; les ..... de la
Mélanésie appartiennent à la race .....; ils sont .....
et souvent ....., c'est-à-dire qu'ils se ..... de .....
humaine. Dans d'autres ..... de l'Océanie, on..... une
..... au ..... basané, qui semble ..... de la race .....

[Le maître complétera l'étude de ce chapitre par un
exercice analogue sur les productions de l'Océanie.]

CHAPITRE XVI.

La France; ses productions; ses montagnes.

151. Qu'est-ce que la France?

La *France* est notre patrie, c'est-à-dire la
terre où nous sommes nés, où reposent nos
ancêtres. C'est le pays que nos pères ont arrosé
de leurs sueurs pour le rendre fertile, et qu'ils
ont défendu au prix de leur sang contre les
étrangers qui voulaient s'en emparer. Tous les
Français sont frères; aussi doivent-ils tous
s'aimer et vivre unis : la concorde et l'union
rendraient la patrie forte, puissante et respectée.
La population de la France est d'environ 37 millions d'habitants (36,905,562, recensement de
1876).

Sub. *Géographie.* 5

152. Quel nom portait autrefois la France ?

La France s'appelait autrefois la *Gaule*. Les

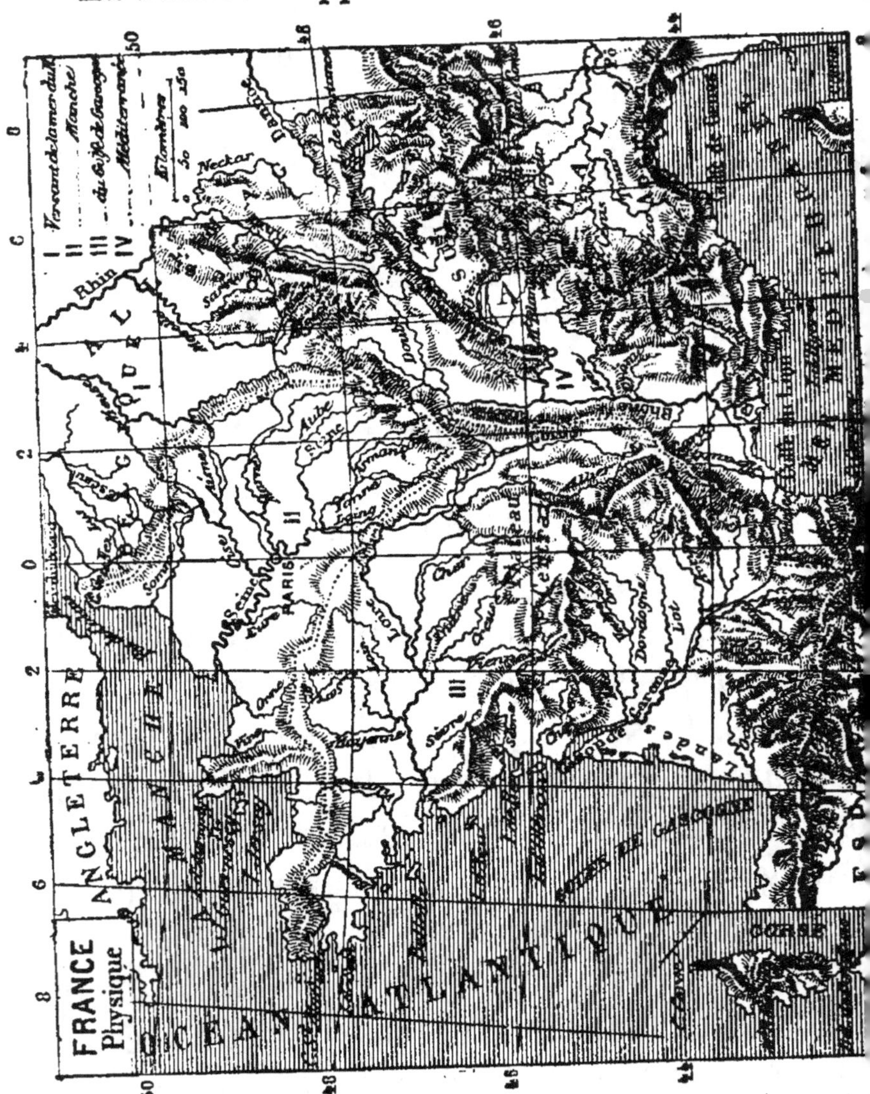

Romains en firent la conquête, 52 ans avant
Jésus-Christ, et la gardèrent pendant cinq siècles.

Les Francs vinrent s'y établir au cinquième siècle et en chassèrent les Romains. A la suite de la victoire de Soissons (486), Clovis devint seul maître de toute la Gaule. C'est du mélange des Francs avec les Gaulois qu'est sortie la nation française.

Situation. Productions. Bornes.

153. Où est située la France ?

La France est située à l'extrémité occidentale du centre de l'Europe. Par la position qu'elle occupe sur le globe, elle est à l'abri des grands froids du nord et des fortes chaleurs du midi ; le climat y est partout tempéré, c'est-à-dire doux et salubre. Les mers qui baignent ses côtes lui ouvrent de larges voies pour établir des communications avec le reste du monde.

154. Quel est l'aspect du sol de la France ?

Le sol de la France est peu accidenté à l'ouest et au nord : on trouve dans cette partie de vastes plaines entrecoupées de collines. A l'est et au sud, le pays est hérissé de hautes montagnes, d'où descendent des fleuves et des rivières, qui portent partout la fertilité et la vie. La France mesure environ 1,000 kilomètres du nord au sud, et 850 de l'est à l'ouest. Sa superficie totale est de 528,500 kilomètres carrés.

155. Quelles sont les productions de la France ?

Le territoire de la France est fertile et bien cultivé. Il produit en abondance des grains de toute espèce, blé, seigle, orge, maïs, avoine, *etc...,* des pommes de terre, du lin, du chanvre, de la betterave à sucre. La vigne y est très-cultivée, excepté dans la région du nord, où le vin est remplacé par le cidre et par la bière. Nos vins, notamment ceux de Bordeaux, de Champagne, de Bourgogne, sont l'objet d'un commerce considérable avec toutes les parties du monde. Nos fruits et nos légumes sont d'excellente qualité. De vastes prairies et de grands pâturages permettent d'élever un nombre considérable d'animaux domestiques. Le gibier abonde dans nos champs et dans nos forêts, le poisson dans nos rivières et dans nos étangs. On trouve en France la houille ou charbon de terre, le marbre, l'ardoise, le sel, le kaolin ou terre à porcelaine, des bois de diverses natures, et surtout le fer, le plus utile de tous les métaux : car sans lui les champs ne pourraient être cultivés, les maisons construites, les produits industriels fabriqués. Le commerce et l'industrie sont très-développés sur tous les points du territoire français.

156. Quelles sont les bornes de la France?

La France est bornée au nord par la mer de la Manche et le détroit du Pas de Calais, qui la séparent de l'Angleterre, et par la Belgique; à l'est, par l'Allemagne, la Suisse et l'Italie; au sud, par la mer Méditerranée et l'Espagne; à l'ouest, par l'Océan Atlantique.

Les grandes chaînes de montagnes.

157. Dites les principales chaînes de montagnes que l'on trouve en France.

Les principales chaînes de montagnes que l'on trouve en France sont :

La chaîne des *Pyrénées*, entre la France et l'Espagne;

La chaîne des *Alpes*, entre la France et l'Italie, qui renferme le plus haut sommet de l'Europe, le *mont Blanc;*

La chaîne du *Jura*, entre la France et la Suisse;

La chaîne des *Vosges*, entre la France et l'Alsace;

La chaîne des *Cévennes,* qui s'étend des Pyrénées au nord-est de la France, en prenant différents noms;

Le massif central, qui a pour sommet les *monts d'Auvergne.*

A ces grandes chaînes de montagnes se rattachent plusieurs chaînes de collines, dont les principales sont : les *collines du Poitou*, les *collines de la Bretagne*, les *collines de la Normandie* et les *collines de l'Artois.*

158. Que trouve-t-on dans les montagnes?

Les montagnes de la France sont habitées jusqu'à une grande hauteur, malgré le climat et la difficulté des communications. On voit sur leur penchant des prairies, des forêts, des champs, des villages, des villes même. Lorsque les neiges qui les couvrent pendant une partie de l'année ont disparu, les sommets des Pyrénées, des Alpes et des Cévennes deviennent le rendez-vous de nombreux troupeaux, que l'on y conduit de la plaine pour y passer la belle saison : car un herbage d'excellente qualité s'y trouve en abondance. Le pin croît dans les régions les plus élevées; au-dessous, on rencontre le sapin, puis le hêtre, le frêne, le châtaignier et les autres arbres des climats tempérés. Les mines de fer, de cuivre, de plomb, les carrières de pierres à bâtir, de marbre, d'ardoise, de plâtre, sont communes dans nos montagnes, ainsi que les sources d'eaux minérales. Les animaux sauvages y deviennent de plus en plus rares : l'ours, le loup, le renard, le chamois, l'izard, tendent à disparaître. Les glaciers qui couronnent les plus hautes montagnes, et dont la glace ne fond qu'insensiblement, sont les réservoirs naturels qui alimentent les fleuves pendant les chaleurs de l'été.

[L'élève remplacera les ..... des exercices suivants par les mots convenables.]

50ᵉ Exercice.

La France est notre ....., c'est-à-dire la ..... où nous sommes ....., où reposent nos ..... C'est le ..... que nos pères ont ..... de leurs sueurs pour le rendre ....., et qu'ils ont ..... au prix de leur sang contre les ..... qui voulaient s'en ..... Tous les Français sont ..... ; aussi doivent-ils tous s'..... et vivre unis : la concorde et l'union rendraient la ..... forte, ... et respectée. La population de la France est d'environ ..... millions d'habitants.

La ..... s'appelait autrefois la ..... Les Romains en firent la ....., cinquante-deux ans avant ....., et la ..... pendant ..... siècles. Les Francs vinrent s'y ..... au ..... siècle et en chassèrent les ..... A la suite de la ..... de Soissons, Clovis devint seul ..... de toute la ..... C'est du mélange des ..... avec les ..... qu'est sortie la ..... française.

51ᵉ Exercice.

La France est ..... à l'extrémité ..... du ..... de l'E..... Par la position qu'elle occupe sur le ...., elle est à ..... des grands ..... du n.... et des fortes ..... du .....; le climat y est partout ...., c'est-à-dire ..... et .... Les mers qui ..... ses côtes lui ouvrent de ..... voies pour ..... des..... avec le reste du.....

Le sol de la France est peu ..... à l'..... et au n..... : on trouve dans cette ..... de ..... plaines entrecoupées de ..... A l'est et au ....., le pays est ..... de hautes ...., d'où ..... des fleuves et des..... qui portent partout la ..... et la ..... La France mesure environ ..... kilomètres du ..... au sud, et ..... de l'est à l'..... Sa superficie totale est de ..... kilomètres carrés.

52ᵉ Exercice.

Le territoire de la France est ..... et bien cultivé. Il ..... en abondance des ..... de toute espèce, blé, ..., ..., ..., avoine, *etc.*, ..., des pommes de ...., du lin, du ....., de la betterave à ..... La vigne y est très-....., excepté dans la ..... du n...., où le vin est remplacé par le ..... et par la ..... Nos vins, notamment ceux de B....., de Ch....., de B...., sont l'objet d'un ..... considérable avec toutes les ..... du monde. Nos fruits et nos ..... sont d'.... qualité. De vastes prairies et de grands ..... permettent d'élever un nombre considérable d'..... domestiques. Le gibier abonde dans nos ..... et dans nos forêts, le poisson dans nos ..... et dans nos ..... On trouve en France la houille ou ..... de ....., le ...., l'ardoise, le sel, le kaolin ou terre à ...., des ..... de ..... natures, et surtout le ....., le plus ..... de tous les métaux : car sans lui les ..... ne pourraient être ....., les maisons ....., les produits industriels ..... Le commerce et l'..... sont très-..... sur tous les points du ...... français.

53ᵉ Exercice.

La France est bornée au n..... par la mer de la ..... et le détroit du ...., qui la séparent de l'..., et par la .....; à l'....., par l'....., la ..... et l'.....; au sud, par la mer M.... et l'....; à l'ouest, par l'Océan .....

Les principales ..... de montagnes que l'on trouve en France sont : la chaîne des ..... entre la F..... et l'....; la chaîne des ...., entre la F.... et l'I...., qui .... le plus .... sommet de l'Europe, le ....; la chaîne du ....., entre la F..... et la .....; la chaîne des ...., entre la F..... et l'.... ; la chaîne des ....., qui s'étend des ..... au nord-est de la F...., en prenant différents noms; le massif ...., qui a pour ..... les monts d'.....

A ces grandes ..... de montagnes se ..... plusieurs ..... de collines, dont les principales sont : les collines du ....., les collines de la ....., les collines de la ..... et les collines de l'.....

[Le maître complétera l'étude de ce chapitre par un exercice analogue sur l'aspect et les productions des montagnes de la France.]

CHAPITRE XVII.

Les fleuves de la France. Les canaux.

159. Comment la France est-elle partagée par l'ensemble de ses montagnes et de ses collines?

L'ensemble des montagnes et des collines partage la France en cinq grandes parties appelées *Bassins de fleuve*. Chaque bassin a plusieurs versants, au fond desquels coule un fleuve, qui reçoit les rivières et les ruisseaux ayant leur cours dans le même bassin.

Les grands fleuves.

160. Quels sont les fleuves qui arrosent la France?

La France renferme le cours entier de quatre grands fleuves: la *Seine,* la *Loire,* la *Garonne-Gironde* et le **Rhône**; une faible partie de son territoire est encore arrosée par des affluents du **Rhin**, qui bornait autrefois sa frontière d'Alsace.

161. Où se trouvent la source et l'embouchure de ces fleuves?

La Seine prend sa source à deux lieues de Chanceaux, village du département de la Côte-d'Or, situé sur la route de Paris à Dijon. Les principales villes qu'elle arrose sont: *Troyes,*

Melun, Paris, Rouen; elle se jette dans la Manche, entre *le Havre* et *Honfleur.*

La Loire prend sa source dans les Cévennes, au mont Gerbier-des-Joncs. Les principales villes qu'elle arrose sont : *le Puy, Nevers, Orléans, Blois, Tours, Nantes* et *Saint-Nazaire,* où elle se jette dans l'Océan Atlantique.

La Garonne prend sa source dans les Pyrénées, en Espagne; elle entre ensuite dans le département de la Haute-Garonne et se jette dans l'Océan Atlantique, après avoir traversé *Toulouse, Agen, Bordeaux;* elle prend un peu au-dessous de Bordeaux le nom de Gironde, qu'elle conserve jusqu'à son embouchure.

Le Rhône prend sa source dans les Alpes, au mont Furca, en Suisse ; il traverse le lac de Genève, d'où il sort à Genève, entre en France, arrose *Lyon, Valence, Avignon,* et se jette dans la mer Méditerranée par plusieurs embouchures.

Le Rhin sort des Alpes de la Suisse, baigne la province d'Alsace et va se jeter dans la mer du Nord; un de ses principaux affluents, la *Moselle,* qui arrose *Épinal,* prend sa source sur le sol français. La *Meuse,* qui rejoint le Rhin près de de son embouchure, prend aussi sa source sur le territoire français.

Les grandes rivières.

162. Dites les principales rivières que reçoivent ces fleuves.

La Seine reçoit sur la rive droite : l'*Aube*, la *Marne* et l'*Oise* grossie de l'*Aisne*; sur la rive gauche : l'*Yonne* et l'*Eure*.

La Loire reçoit sur la rive droite : la *Nièvre* et la *Maine*, formée de la *Mayenne* et de la *Sarthe* grossie du *Loir*; sur la rive gauche : l'*Allier*, le *Loiret*, le *Cher*, l'*Indre*, la *Vienne* grossie de la *Creuse* et la *Sèvre Nantaise* [1].

La Garonne reçoit sur la rive droite : l'*Ariége*, le *Tarn* grossi de l'*Aveyron*, le *Lot* et la *Dordogne* grossie de la réunion de la *Vézère* et de la *Corrèze*; sur la rive gauche : le *Gers* et la *Baïse*.

Le Rhône reçoit sur la rive droite : l'*Ain*, la *Saône* grossie du *Doubs*, l'*Ardèche* et le *Gard*; sur la rive gauche : l'*Isère*, la *Drôme* et la *Durance*.

1. La *Sèvre Nantaise*, qui passe à Nantes, est ainsi appelée pour la distinguer de la *Sèvre Niortaise*, qui passe à Niort, et qui se jette dans l'Océan après avoir reçu la *Vendée*. Ces deux rivières naissent dans le même département, qui est appelé département des *Deux-Sèvres*.

Les fleuves côtiers.

163. Ne trouve-t-on pas en France d'autres petits fleuves ?

Outre les grands fleuves que nous venons de citer, on trouve en France plusieurs cours d'eau beaucoup moins considérables, qui se jettent directement dans la mer. On les appelle fleuves côtiers, parce qu'ils prennent leur source dans de petits bassins, à peu de distance des côtes de la mer.

164. Quels sont les principaux fleuves côtiers ?

Les principaux fleuves côtiers sont :

La *Somme* et l'*Orne*, qui se jettent dans la Manche ;

La *Vilaine*, la *Sèvre Niortaise*, la *Charente* et l'*Adour*, qui se jettent dans l'Océan Atlantique ;

L'*Aude*, l'*Hérault* et le *Var*, qui se jettent dans la mer Méditerranée.

Les canaux.

165. Comment nos grands cours d'eau sont-ils unis entre eux ?

Nos grands cours d'eau sont unis entre eux par des *canaux*. On appelle ainsi des rivières que la main de l'homme a creusées dans le but d'ouvrir de faciles communications entre les grands bassins et les mers, de contribuer à l'approvisionnement des villes, à l'irrigation des campagnes, et enfin de favoriser le commerce en permettant de transporter à peu de frais les matières lourdes et encombrantes, telles que le bois, les pierres de taille, le minerai, le charbon, les vins, *etc.*

166. Quels sont les principaux canaux ?

Les principaux canaux sont :

1° Le canal du *Languedoc,* du *Midi* ou des *Deux-Mers,* qui joint la mer Méditerranée à l'Océan Atlantique par la Garonne ;

2° Le canal du *Centre,* qui joint la Loire à la Saône, et par conséquent au Rhône ;

3° Le canal du *Rhône au Rhin,* qui relie le Rhin à la Saône par son affluent le Doubs, et par suite au Rhône ;

4° Le canal de la *Marne au Rhin,* qui met en communication la Seine avec le Rhin par la Marne ;

5° Le canal de *Bourgogne,* qui relie l'Yonne à la Saône, et par conséquent la Seine au Rhône ;

6° Les canaux du *Loing,* d'*Orléans* et de *Briare,* qui relient la Loire à la Seine ;

7° Le canal des *Ardennes,* qui relie la Seine à la Meuse par l'Aisne ;

8° Les canaux de la *Somme* et de *Saint-Quentin*, qui relient la Seine à l'Escaut par l'Oise canalisée.

167. Quels services nous rendent les fleuves, les rivières, les canaux et les mers ?

L'eau de la pluie ne se perd pas, comme les enfants semblent le croire : une partie de cette eau s'évapore ; mais l'autre pénètre dans le sol, d'où elle ne tarde pas à sortir sous forme de source. Cette source, d'abord petit filet d'eau, puis faible ruisseau, se réunit à d'autres petits cours d'eau et forme des rivières ; à leur tour les rivières forment les fleuves. Les fleuves et les rivières nous rendent de grands services : quand ils sont navigables, ils facilitent les communications entre les différentes parties du territoire ; ils nous permettent de transporter de lourdes charges ; ils mettent en mouvement les grandes roues des moulins, des usines et des manufactures, et remplacent ainsi un nombre considérable de bras ; ils arrosent les campagnes et fournissent aux villes l'eau nécessaire pour l'alimentation et pour la salubrité publique ; enfin ils retournent dans la mer pour en sortir de nouveau sous la forme de nuages. C'est à la mer que nous devons les pluies qui rafraîchissent et fertilisent la terre, et le sel qui assaisonne nos aliments. Grâce à la mer, qui est sillonnée par de nombreux vaisseaux, les diverses nations du monde peuvent facilement communiquer entre elles, se voir, se secourir, s'aimer.

[L'élève remplacera les..... des exercices suivants par les mots convenables.]

54ᵉ Exercice.

L'ensemble des montagnes et des ..... partage la ..... en cinq ..... parties appelées ..... de fleuve. Chaque ..... a plusieurs ...., au fond desquels coule un ...., qui reçoit les ..... et les ruisseaux ayant leur ..... dans le même .....
La France renferme le ..... entier de ..... grands ..... : la S....., la L....., la G.....-G....., et le R.....; une faible partie de son ..... est encore ..... par des affluents du ....., qui bornait autrefois sa ..... d'.....
La Seine prend sa ..... à ..... lieues de Ch....., ... du département de la ....., situé sur la ..... de P..... à D..... Les principales villes qu'elle ..... sont : ....., ..., ..., ...; elle se ..... dans la M...., entre le H..... et H.....

55ᵉ Exercice.

La Loire ..... sa source dans les C....., au mont .....-des-..... Les principales villes qu'elle ..... sont : ....., ..., ..., ..., ..., ... et ...., où elle se jette dans l'.....

La Garonne prend sa ..... dans les ....., en .....;
elle .... ensuite dans le département de la H....-G....
et se jette dans l'....., après avoir traversé ....., ...,
.....; elle prend un peu au-dessous de B.... le nom de
G..., qu'elle conserve jusqu'à son .....

Le Rhône prend sa ..... dans les ...., au mont ....,
en S.....; il traverse le lac de ...., d'où il ..... à
G....., entre en F....., arrose ....., ..., ..., et se
jette dans la mer ..... par plusieurs .....

Le Rhin sort des A..... de la ....., baigne la province d'A.... et va se jeter dans la mer du N....; un
de ses ..... affluents, la ...., qui arrose ...., prend sa
source sur le .....⁵ français. La ....., qui rejoint le
R..... près de son embouchure, prend aussi sa .....
sur le ..... français.

56° Exercice.

La Seine reçoit sur la rive droite : l'A...., la M.....
et l'O...., grossie de l'A....; sur la .... gauche : l'Y....
et l'E.....

La Loire reçoit sur la rive ..... : la N..... et la
Maine, formée de la M..... et de la S.... grossie du
L.....; sur la rive ..... : l'A....., le L....., le Ch.....,
l'I...., la V..... grossie de la C...., et la Sèvre N.....

La Garonne reçoit sur la rive ..... : l'A....., le
T..... grossi de l'A....., le L..... et la D.... grossie
de la réunion de la V.....et de la C.....; sur la .....
gauche : le G..... et la B.....

Le Rhône reçoit sur la ..... droite : l'A....., la
S..... grossie du D....., l'A..... et le G....; sur la
rive gauche: l'I....., la D..... et la D.....

57e Exercice.

Outre les grands ..... que nous venons de ....., on trouve en ..... plusieurs ..... d'eau beaucoup moins ...., qui se ..... directement dans la..... On les appelle fleuves....., parce qu'ils prennent leur ..... dans de petits ....., à peu de distance des ..... de la mer.

Les principaux fleuves ..... sont : la S.... et l'O...., qui se ..... dans la Manche ; la Vil...., la S.... N...., la Ch..... et l'A...., qui se ..... dans l'..... ; l'A....., l'H.... et le V...., qui se jettent dans la mer M.....

58e Exercice.

Nos grands cours d'eau sont ..... entre eux par des ..... On appelle ainsi des ..... que la main de l'homme a creusées dans le ..... d'ouvrir de faciles ..... entre les grands ..... et les ....., de contribuer à l'approv..... des villes, à l'irrig..... des ...., et enfin de favoriser le comm..... en permettant de ..... à peu de ..... les matières lourdes et ...., telles que le bois, les ..... de taille, le minerai, le charbon, les vins, *etc.*

[Le maître complétera l'étude de ce chapitre par un exercice analogue sur les canaux de la France et sur les services que rendent les fleuves et les canaux.]

CHAPITRE XVIII.

Les anciennes provinces de la France.

168. Comment se divisait autrefois la France ?

La France a été longtemps divisée en 32 *pro-*

vinces, dont les noms étaient empruntés aux anciennes divisions féodales.

169. Dites les noms des anciennes provinces et leurs capitales.

1.	La Flandre,	capitale	Lille.
2.	L'Artois,	»	Arras.
3.	La Picardie,	»	Amiens.
4.	La Normandie,	»	Rouen.
5.	L'Ile-de-France,	»	Paris.
6.	La Champagne,	»	Troyes.
7.	L'Alsace,	»	Strasbourg.
8.	La Lorraine,	»	Nancy.
9.	La Franche-Comté,	»	Besançon.
10.	La Bourgogne,	»	Dijon.
11.	Le Lyonnais,	»	Lyon.
12.	Le Dauphiné,	»	Grenoble.
13.	La Provence,	»	Aix.
14.	Le Languedoc,	»	Toulouse.
15.	Le Roussillon,	»	Perpignan.
16.	Le comté de Foix,	»	Foix.
17.	Le Béarn,	»	Pau.
18.	La Guyenne et la Gascogne,	»	Bordeaux.
19.	La Bretagne,	»	Rennes.
20.	Le Maine,	»	Le Mans.
21.	L'Anjou,	»	Angers.
22.	Le Poitou,	»	Poitiers.
23.	L'Aunis et la Saintonge,	»	La Rochelle.
24.	L'Angoumois,	»	Angoulême.
25.	La Touraine,	»	Tours.
26.	L'Orléanais,	»	Orléans.
27.	Le Nivernais,	»	Nevers.

28. Le Berry,	capitale Bourges.
29. Le Bourbonnais.	» Moulins.
30. L'Auvergne,	» Clermont-Ferrand.
31. Le Limousin,	» Limoges.
32. La Marche,	» Guéret.

170. Que formaient ces provinces ?

Longtemps ces provinces ont formé autant de petits États dans l'État. Dans quelques-unes on parlait même une langue particulière ; l'administration variait d'une région à l'autre ; la France se composait de Picards, de Gascons, de Bourguignons, de Normands, de Bretons, *etc.* Aujourd'hui, il n'y a plus en France qu'un gouvernement, une langue et un peuple, les Français.

Division de la France en départements.

171. Quelle était l'étendue des anciennes provinces ?

Les anciennes provinces avaient une étendue plus considérable les unes que les autres : le territoire de la Bourgogne, du Languedoc, par exemple, était bien plus vaste que celui du Béarn ou de l'Anjou. Aujourd'hui toutes les divisions administratives de la France ont une étendue à peu près égale, ce qui en facilite l'administration.

172. Comment se divise la France actuellement ?

Depuis bientôt un siècle, depuis 1789, la France est divisée en *départements*. Ces départements ont été formés des anciennes provinces.

173. D'où les départements ont-ils tiré leurs noms?

Les noms des départements sont empruntés :

1° A leur position géographique, comme le *Nord*, les *Côtes-du-Nord*, le *Finistère* ;

2° Au voisinage de la mer : le *Pas-de-Calais*, la *Manche* ;

3° A des montagnes : les *Hautes-Alpes*, les *Basses-Pyrénées*, le *Jura*, les *Vosges*, les *Ardennes*, la *Lozère*, le *Cantal*, etc. ;

4° A des fleuves et à des rivières : la *Seine*, la *Seine-Inférieure*, le département de *Seine-et-Oise*, la *Haute-Loire*, la *Gironde*, le *Loiret*, la *Sarthe*, le *Lot*, l'*Indre*, l'*Orne*, etc.

174. Combien la France comprend-elle aujourd'hui de départements ?

La France comprend aujourd'hui 86 départements, auxquels il faut ajouter le territoire de Belfort, qu'elle a conservé dans l'ancien département du Haut-Rhin, qui lui appartenait avant 1871.

FRANCE POLITIQUE PAR DÉPARTEMENTS.

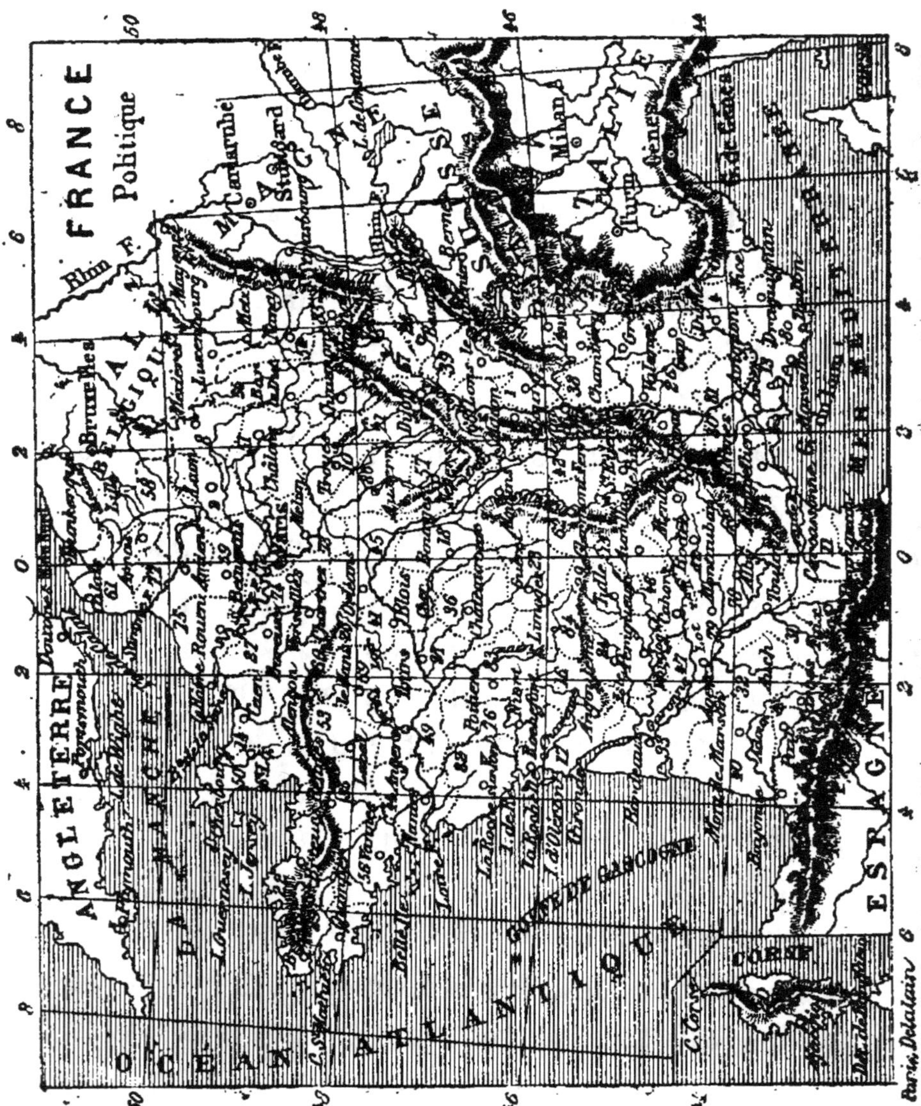

Voici la nomenclature de ces départements par ordre alphabétique :

1. Ain [1].
2. Aisne.
3. Allier.
4. Alpes (Basses-).
5. Alpes (Hautes-).
6. Alpes-Maritimes.
7. Ardèche.
8. Ardennes.
9. Ariége.
10. Aube.
11. Aude.
12. Aveyron.
13. Bouches-du-Rhône.
14. Calvados.
15. Cantal.
16. Charente.
17. Charente-Inférieure.
18. Cher.
19. Corrèze.
20. Corse.
21. Côte-d'Or.
22. Côtes-du-Nord.
23. Creuse.
24. Dordogne.
25. Doubs.
26. Drôme.
27. Eure.
28. Eure-et-Loir.
29. Finistère.
30. Gard.
31. Garonne (Haute-).
32. Gers.
33. Gironde.
34. Hérault.
35. Ille-et-Vilaine.
36. Indre.
37. Indre-et-Loire.

38. Isère.
39. Jura.
40. Landes.
41. Loir-et-Cher.
42. Loire.
43. Loire (Haute-).
44. Loire-Inférieure.
45. Loiret.
46. Lot.
47. Lot-et-Garonne.
48. Lozère.
49. Maine-et-Loire.
50. Manche.
51. Marne.
52. Marne (Haute-).
53. Mayenne.
54. Meurthe-et-Moselle.
55. Meuse.
56. Morbihan.
57. Nièvre.
58. Nord.
59. Oise.
60. Orne.
61. Pas-de-Calais.
62. Puy-de-Dôme.
63. Pyrénées (Basses-).
64. Pyrénées (Hautes-).
65. Pyrénées-Orientales.
66. Rhône.
67. Saône (Haute-).
68. Saône-et-Loire.
69. Sarthe.
70. Savoie.
71. Savoie (Haute-)
72. Seine.
73. Seine-et-Marne.
74. Seine-et-Oise.

1. Les numéros qui précèdent chaque département correspondent aux numéros placés sur la carte ci-contre; l'élève
pourra ainsi en trouver la position.

75. Seine-Inférieure.
76. Sèvres (Deux-).
77. Somme.
78. Tarn.
79. Tarn-et-Garonne.
80. Var.
81. Vaucluse.

82. Vendée.
83. Vienne.
84. Vienne (Haute-).
85. Vosges.
86. Yonne.
87. Territoire de Belfort.

175. Quels rapports existent entre les anciennes provinces et les départements?

Le tableau suivant fera connaître les rapports, qui existent entre les territoires des anciennes provinces et les circonscriptions des départements actuels :

PROVINCES.   DÉPARTEMENTS.

Région du nord.

PROVINCES		DÉPARTEMENTS
FLANDRE	1 dép.	Nord.
ARTOIS	1 dép.	Pas-de-Calais.
PICARDIE	1 dép.	Somme.
NORMANDIE	5 dép.	Seine-Inférieure. Eure. Orne. Calvados. Manche.
ILE-DE-FRANCE	5 dép.	Seine. Seine-et-Oise. Seine-et-Marne. Oise. Aisne.
CHAMPAGNE	4 dép.	Ardennes. Marne. Aube. Haute-Marne.

Région de l'est.

LORRAINE . . . . 3 dép.	{	Meurthe-et-Moselle. Meuse. Vosges.
FRANCHE-COMTÉ . . . . . . 3 dép.	{	Doubs. Jura. Haute-Saône.
BOURGOGNE. . . . . 4 dép.	{	Côte-d'Or. Ain. Saône-et-Loire. Yonne.
LYONNAIS . . . . 2 dép.	{	Rhône. Loire.
DAUPHINÉ. . . . . 3 dép.	{	Isère. Hautes-Alpes. Drôme.

Région du sud.

PROVENCE. . . . . 3 dép.	{	Bouches-du-Rhône. Var. Basses-Alpes.
CORSE. . . . . 1 dép.			Corse.
LANGUEDOC . . . . 8 dép.	{	Haute-Garonne. Aude. Tarn. Hérault. Gard. Ardèche. Lozère. Haute-Loire.
ROUSSILLON . . . . 1 dép.			Pyrénées-Orientales.
COMTÉ DE FOIX. . . . . . . 1 dép.			Ariége.
BÉARN. . . . . 1 dép.			Basses-Pyrénées.
GUYENNE ET GASCOGNE. . . 9 dép.	{	Gironde. Dordogne. Lot-et-Garonne. Tarn-et-Garonne. Lot. Aveyron. Gers. Landes. Hautes-Pyrénées.

Région de l'ouest.

BRETAGNE.	5 dép.	Ille-et-Vilaine. Loire-Inférieure. Morbihan. Finistère. Côtes-du-Nord.
MAINE.	2 dép.	Mayenne. Sarthe.
ANJOU.	1 dép.	Maine-et-Loire.
POITOU.	3 dép.	Vienne. Deux-Sèvres. Vendée.
AUNIS ET SAINTONGE. . . .	1 dép.	Charente-Inférieure.
ANGOUMOIS.	1 dép.	Charente.

Région du centre.

TOURAINE.	1 dép.	Indre-et-Loire.
ORLÉANAIS	3 dép.	Loiret. Loir-et-Cher. Eure-et-Loir.
NIVERNAIS	1 dép.	Nièvre.
BERRY.	2 dép.	Cher. Indre.
BOURBONNAIS.	1 dép.	Allier.
AUVERGNE.	2 dép.	Puy-de-Dôme. Cantal.
LIMOUSIN	2 dép.	Haute-Vienne. Corrèze.
MARCHE.	1 dép.	Creuse.

59ᵉ Exercice.

[L'élève dira de quelles provinces les villes suivantes
étaient les capitales. Exemple : PARIS *était la capitale de l'Ile-de-France* [1].]

Paris.	La Rochelle.	Nancy.
Orléans.	Guéret.	Strasbourg.
Clermont-Ferrand.	Bordeaux.	Nevers.
Grenoble.	Toulouse.	Besançon.
Lyon.	Limoges.	Arras.
Perpignan.	Le Mans.	Rennes.
Foix.	Angers.	Dijon.
Pau.	Bourges.	Lille.
Troyes.	Tours.	Rouen.
Angoulême.	Moulins.	Amiens.

60ᵉ Exercice.

Quelle était la province habitée par les

Picards?	Tourangeaux?	Dauphinois?
Normands?	Berrichons?	Auvergnats?
Flamands?	Manceaux?	Languedociens?
Bourguignons?	Gascons?	Alsaciens?
Bretons?	Champenois?	Angevins?
Francs-Comtois?	Béarnais?	Roussillonnais?
Artésiens?	Provençaux?	Poitevins?

1. Quelques-uns des exercices de ce chapitre et des
suivants diffèrent des précédents : ils ont surtout pour
but de s'assurer que l'élève a compris et retenu la
nomenclature et le caractère des diverses divisions
politiques et administratives de la France.

61° Exercice.

[L'élève cherchera sur la liste des départements quels
sont ceux qui empruntent leurs noms aux cours
d'eau compris :]

1° Dans le bassin de la Seine ;
2°   »   de la Loire ;
3°   »   de la Garonne ;
4°   »   du Rhône ;
5°   »   du Rhin.

[L'élève cherchera également les départements qui
empruntent leurs noms :]

1° Aux Pyrénées ;
2° Aux Alpes ;
3° Aux monts d'Auvergne ;
4° A la chaîne des Cévennes ;
5° A d'autres montagnes ou collines.

62° Exercice.

[L'élève dira quels sont les départements qui ont été
formés par les anciennes provinces suivantes :]

Normandie.	Bourgogne.	Orléanais.
Bretagne.	Roussillon.	Berry.
Flandre.	Anjou.	Guyenne.
Dauphiné.	Marche.	Franche-Comté.
Champagne.	Béarn.	Ile-de-France.
Languedoc.	Gascogne.	Maine.
Touraine.	Lorraine.	Angoumois.
Provence.	Auvergne.	Artois.

CHAPITRE XIX.

Les départements actuels de la France.

176. Quelles sont les principales divisions du département?

Chaque département est divisé, suivant son étendue, en plusieurs circonscriptions de nombre variable. Nous avons donné dans les quatre premiers chapitres tous les renseignements relatifs au département et à ses divisions ou subdivisions : arrondissement, canton, commune. Nous rappellerons seulement ici que le *chef-lieu du département* ou *préfecture* est la ville où réside le préfet, les *chefs-lieux d'arrondissement* ou *sous-préfectures* sont les villes où résident les *sous-préfets*.

177. Quelles sont les préfectures et les sous-préfectures de chaque département?

Le tableau suivant indique quelles sont la préfecture et les sous-préfectures de chacun des départements, qui y sont groupés d'après les bassins qu'ils occupent.

DÉPARTEMENTS.	PRÉFECTURES.	SOUS-PRÉFECTURES.
		Bassin de la Seine.
Aube	Troyes	4 Arcis-sur-Aube, Bar-sur-Aube, Bar-sur-Seine, Nogent-sur-Seine.
Côte-d'Or [1]	Dijon	3 Beaune, Châtillon-sur-Seine, Semur.
Yonne	Auxerre	4 Avallon, Joigny, Sens, Tonnerre.
Haute-Marne	Chaumont	2 Langres, Vassy.
Marne	Châlons-sur-Marne.	4 Epernay, Reims, Sainte-Menehould, Vitry-le-François.
Seine-et-Marne	Melun	4 Coulommiers, Fontainebleau, Meaux, Provins.
Seine	Paris	2 Saint-Denis, Sceaux.
Aisne	Laon	4 Château-Thierry, Saint-Quentin, Soissons, Vervins.
Oise	Beauvais	3 Clermont, Compiègne, Senlis.
Seine-et-Oise	Versailles	5 Corbeil, Etampes, Mantes, Pontoise, Rambouillet.
Eure-et-Loir	Chartres	3 Châteaudun, Dreux, Nogent-le-Rotrou.
Eure	Evreux	4 Bernay, les Andelys, Louviers, Pont-Audemer.
Seine-Inférieure	Rouen	4 Dieppe, le Havre, Neufchâtel, Yvetot.
Orne	Alençon	3 Argentan, Domfront, Mortagne.
Calvados	Caen	5 Bayeux, Falaise, Lisieux, Pont-l'Evêque, Vire.
Manche	Saint-Lô	5 Avranches, Cherbourg, Coutances, Mortain, Valognes.
Somme	Amiens	4 Abbeville, Doullens, Montdidier, Péronne.

1. Châtillon et Semur sont dans le bassin de la Seine; Dijon et Beaune dans celui du Rhône.

Bassin de la Loire.

HAUTE-LOIRE	Le Puy	2	Brioude, Yssengeaux.
PUY-DE-DÔME	Clermont-Ferrand.	4	Ambert, Issoire, Riom, Thiers.
LOIRE	Saint-Etienne	2	Montbrison, Roanne.
SAÔNE-ET-LOIRE [1]	Mâcon	4	Autun, Châlon-sur-Saône, Charolles, Louhans.
NIÈVRE	Nevers	3	Château-Chinon, Clamecy, Cosne.
ALLIER	Moulins	3	Gannat, la Palisse, Montluçon.
LOIRET	Orléans	3	Gien, Montargis, Pithiviers.
CHER	Bourges	2	Saint-Amand, Sancerre.
INDRE	Châteauroux	3	Issoudun, la Châtre, le Blanc.
INDRE-ET-LOIRE	Tours	2	Chinon, Loches.
CREUSE	Guéret	3	Aubusson, Bourganeuf, Boussac.
HAUTE-VIENNE	Limoges	3	Bellac, Rochechouart, Saint-Yrieix.
VIENNE	Poitiers	4	Châtellerault, Civray, Loudun, Montmorillon.
LOIR-ET-CHER	Blois	2	Romorantin, Vendôme.
SARTHE	Le Mans	3	La Flèche, Mamers, Saint-Calais.
MAYENNE	Laval	2	Château-Gontier, Mayenne.
MAINE-ET-LOIRE	Angers	4	Baugé, Chollet, Saumur, Segré.
LOIRE-INFÉRIEURE	Nantes	4	Ancenis, Châteaubriant, Paimbœuf, Saint-Nazaire.
DEUX-SÈVRES	Niort	3	Bressuire, Melle, Parthenay.
VENDÉE	La Roche-sur-Yon.	2	Fontenay-le-Comte, les Sables-d'Olonne.
ILLE-ET-VILAINE	Rennes	5	Fougères, Montfort, Redon, Saint-Malo, Vitré.
FINISTÈRE	Quimper	4	Brest, Châteaulin, Morlaix, Quimperlé.
CÔTES-DU-NORD	Saint-Brieuc	4	Dinan, Guingamp, Lannion, Loudéac.
MORBIHAN	Vannes	3	Lorient, Ploërmel, Pontivy.

1. Les arrondissements d'Autun et de Charolles appartiennent au bassin de la Loire, ceux de Mâcon, Châlon et Louhans au bassin du Rhône.

DÉPARTEMENTS.	PRÉFECTURES.	SOUS-PRÉFECTURES.
Bassin de la Garonne.		
Haute-Garonne.	Toulouse.	3 Muret, Saint-Gaudens, Villefranche.
Lot-et-Garonne	Agen	3 Marmande, Nérac, Villeneuve-d'Agen.
Tarn-et-Garonne.	Montauban.	2 Castel-Sarrasin, Moissac.
Ariége.	Foix.	2 Pamiers, Saint-Girons.
Gers	Auch.	4 Condom, Lectoure, Lombez, Mirande.
Hautes-Pyrénées.	Tarbes.	2 Argelès, Bagnères-de-Bigorre.
Basses-Pyrénées	Pau.	4 Bayonne, Mauléon, Oloron, Orthez.
Landes.	Mont-de-Marsan.	2 Dax, Saint-Sever.
Tarn.	Alby.	3 Castres, Gaillac, Lavaur.
Aveyron.	Rodez.	4 Espalion, Milhau, Saint-Affrique, Villefranche.
Lozère.	Mende.	2 Florac, Marvejols.
Lot.	Cahors.	2 Figeac, Gourdon.
Charente.	Angoulême	4 Barbezieux, Cognac, Confolens, Ruffec.
Charente-Inférieure.	La Rochelle.	5 Jonzac, Marennes, Rochefort, Saint-Jean-d'Angely, Saintes.
Cantal.	Aurillac	3 Mauriac, Murat, Saint-Flour.
Corrèze.	Tulle.	2 Brives, Ussel.
Dordogne.	Périgueux	4 Bergerac, Nontron, Ribérac, Sarlat.
Gironde.	Bordeaux.	5 Bazas, Blaye, Lesparre, Libourne, la Réole.
Bassin du Rhône.		
Ain.	Bourg.	4 Belley, Gex, Nantua, Trévoux.
Rhône.	Lyon	1 Villefranche.

HAUTE-SAVOIE.	Annecy.	3 Bonneville, Saint-Julien, Thonon.
SAVOIE	Chambéry	3 Albertville, Moûtiers, Saint-Jean-de-Maurienne.
JURA	Lons-le-Saunier.	3 Dôle, Poligny, Saint-Claude.
DOUBS.	Besançon.	3 Baume-les-Dames, Montbéliard, Pontarlier.
HAUTE-SAÔNE	Vesoul.	2 Gray, Lure.
ISÈRE.	Grenoble.	3 Saint-Marcellin, la Tour-du-Pin, Vienne.
DRÔME.	Valence.	3 Die, Montélimar, Nyons.
HAUTES-ALPES.	Gap.	2 Briançon, Embrun.
BASSES-ALPES.	Digne.	4 Barcelonnette, Castellane, Forcalquier, Sisteron.
ALPES-MARITIMES.	Nice.	2 Grasse, le Puget-Théniers.
VAR.	Draguignan	2 Brignolles, Toulon.
VAUCLUSE.	Avignon.	3 Apt, Carpentras, Orange.
ARDÈCHE.	Privas.	2 L'Argentière, Tournon.
GARD.	Nîmes.	3 Alais, Uzès, le Vigan.
HÉRAULT.	Montpellier.	3 Béziers, Lodève, Saint-Pons.
AUDE.	Carcassonne.	3 Castelnaudary, Limoux, Narbonne.
PYRÉNÉES-ORIENTALES.	Perpignan.	2 Céret, Prades.
BOUCHES-DU-RHÔNE.	Marseille.	2 Aix, Arles.
CORSE.	Ajaccio.	4 Bastia, Calvi, Corté, Sartène.

Bassin du Rhin (Meuse, Moselle) et de l'Escaut.

VOSGES.	Épinal	4 Mirecourt, Neufchâteau, Saint-Dié, Remiremont.
MEURTHE-ET-MOSELLE.	Nancy	3 Briey, Lunéville, Toul.
MEUSE.	Bar-le-Duc.	3 Commercy, Montmédy, Verdun.
ARDENNES.	Mézières	4 Rethel, Rocroy, Sedan, Vouziers.
PAS-DE-CALAIS	Arras.	5 Béthune, Boulogne-sur-Mer, Montreuil, Saint-Omer, Saint-Pol.
NORD.	Lille.	6 Avesnes, Cambrai, Douai, Dunkerque, Hazebrouck, Valenciennes.

178. Quelles sont les villes les plus populeuses de la France ?

Les villes les plus populeuses de la France sont :

Paris,	qui compte	1,988,000 hab.
Lyon,	»	342,000
Marseille,	»	319,000
Bordeaux,	»	215,700
Lille,	»	163,000
Toulouse,	»	132,000
Nantes,	»	122,000
Saint-Étienne,	»	126,000
Rouen,	»	105,000

Viennent ensuite :

Le Havre,	qui compte	92,000 hab.
Reims,	»	81,000
Roubaix,	»	76,000

[L'élève dira de quels départements les villes suivantes sont les chefs-lieux. Exemple : PARIS *est le chef-lieu du département de la Seine.*]

63ᵉ Exercice.

Lille.	Chartres.	Beauvais.
Marseille.	Caen.	Nantes.
Toulouse.	Orléans.	Rennes.
Bordeaux.	Bourges.	Agen.
Troyes.	Poitiers.	Pau.

Amiens.	Blois.	Melun.
Rouen.	Angers.	Évreux.
Versailles.	Le Mans.	Saint-Lô.

64e Exercice.

Laval.	Tulle.	Grenoble.
Vannes.	Lyon.	Vesoul.
Tours.	Avignon.	Digne.
Alençon.	Perpignan.	Ajaccio.
Auxerre.	Montpellier.	Besançon.
Périgueux.	Auch.	Quimper.
Alby.	Tarbes.	Limoges.

65e Exercice.

Aurillac.	La Rochelle.	Nice.
Draguignan.	Gap.	Épinal.
Niort.	Nîmes.	Arras.
Rodez.	Carcassonne.	Moulins.
Montauban.	Valence.	Mézières.
Foix.	Annecy.	Bar-le-Duc.
Cahors.	Bourg.	Privas.
Chambéry.	Nancy.	Saint-Étienne.

66e Exercice.

[L'élève dira ce que l'on veut désigner par un : (PARI-
SIEN, *habitant de Paris*.)]

Agenais.	Caennais.	Elbeuvien,
Amiénois.	Cambraisien.	Grenoblois.
Beauvaisien.	Carcassonnais.	Lyonnais.
Belfortain.	Cauchois.	Marseillais.
Blaisois.	Dieppois.	Nantais.
Bordelais.	Dijonnais.	Toulousain.

[L'élève dira par quel nom on désigne les habitants
  de :]

Lyon ,	Poitiers,	Calais ,
Laon,	Reims,	Le Havre,
Mâcon,	Rochefort,	Nantes,
Le Mans,	Tarbes,	Nîmes,
Marseille,	Toulouse,	Dijon,
Nancy,	Troyes,	Poitiers,
Montauban,	Versailles,	Caen,
Nantes,	Clermont,	La Rochelle,
Orléans,	Auch,	Bayonne.

67ᵉ Exercice.

[L'élève dira à quels départements appartiennent les
  sous-préfectures suivantes. Exemple : SCEAUX *est
  une sous-préfecture du département de la Seine.*]

Sceaux.	Domfront.
Bar-sur-Seine.	Bayeux.
Semur.	Coutances.
Tonnerre.	Montdidier.
Vassy.	Charolles.
Reims.	Roanne.
Provins.	Brioude.
Soissons.	Cosne.

68ᵉ Exercice.

Compiègne.	Montluçon.
Étampes.	Pithiviers.
Dreux.	Sancerre.
Louviers.	Le Blanc.
Neufchâtel.	Loches.

Dieppe.
Bellac.
Civray.
Romorantin.
Mamers.
Mayenne.
Saumur.
Paimbœuf.

Bourganeuf.
Fougères.
Morlaix.
Dinan.
Pontivy.
Muret.
Nérac.
Moissac.

[Le maître complétera cet exercice, que le nombre considérable des sous-préfectures (362) lui permettra de varier; il terminera l'étude de ce chapitre par un exercice analogue sur les chiffres de population des plus importantes villes, dont nous n'avons pu donner ici que les principales.]

CHAPITRE XX.

Le commerce de la France. Les colonies françaises.

Le commerce de la France.

179. Quels sont les principaux objets du commerce maritime de la France ?

La France porte dans toutes les contrées des cinq parties du monde des vins, des eaux-de-vie, des grains, de l'huile, du savon, des draps, des toiles, des étoffes, des tapisseries, des dentelles, du papier, de l'horlogerie, des bijoux, des articles de modes, des glaces, des meubles, *etc.*

Elle fait venir des autres contrées du monde les produits que ne fournit pas son sol, c'est-à-dire le café, le coton, le cacao, le thé, les épices, les bois de teinture et d'ébénisterie, le sucre de canne brut, qu'elle exporte ensuite après l'avoir raffiné. La France emprunte encore aux autres pays l'or, l'argent, la houille, le soufre, le mercure, de la soie, des fourrures, des peaux brutes, des chevaux, des mulets, des laines, enfin des matières premières, que son industrie transforme en mille objets divers de toute espèce, pour les transporter ensuite dans toutes les régions du globe.

180. Quels sont les moyens de communication et de transport ?

Outre les moyens de communication et de transport que les hommes ont depuis longtemps imaginés, ou qu'offre la nature : chemins, routes, rivières, fleuves, canaux, mers, il faut encore citer les voies ferrées ou chemins de fer.

Les chemins de fer.

181. Quelle est l'importance et la division des chemins de fer français ?

Les chemins de fer français ont aujourd'hui une longueur de vingt-quatre mille kilomètres, et journellement de nouveaux réseaux sont livrés à l'exploitation. Ils se divisent en *grandes lignes* et en lignes *secondaires* ou d'*intérêt local*, communiquant les unes avec les autres. Les grandes lignes sont exploitées par six grandes compagnies, savoir :

1° La compagnie de l'*Ouest*, dont les lignes vont :

1° De Paris au Havre,
1° De Paris à Cherbourg, } lignes de Normandie ;
3° De Paris à Brest,
4° De Paris à Nantes, } lignes de Bretagne ;

2° La compagnie du *Nord*, qui comprend les lignes principales :

1° De Paris à Calais ;
2° De Paris à Lille et en Belgique ;
3° De Paris à Maubeuge, en Hollande, en Allemagne, *etc.*;

3° La compagnie de l'*Est*, dont les lignes se dirigent :

1° De Paris à Avricourt, Strasbourg, *etc.*;
2° De Paris à Belfort, Mulhouse ;

4° La compagnie *Paris-Lyon-Méditerranée*, qui a les lignes :

1° De Paris à Lyon, par la Bourgogne ;
2° De Paris à Lyon, par le Bourbonnais ;
3° De Lyon à Marseille et Nice, avec embranchements sur le mont Cenis et sur Cette ;

5° La compagnie d'*Orléans* et du *Centre*, dont les lignes vont :

1° De Paris à Bordeaux, par Tours ;
2° De Paris à Toulouse, par Vierzon et Limoges ;
3° De Paris à Nantes, par Tours ;

6° La compagnie du *Midi*, qui commence à Bordeaux et se dirige :

1° De Bordeaux à Cette, par Agen, Toulouse ;
2° De Bordeaux à Bayonne, Pau, Tarbes.

Les ports français.

182. Quels sont les principaux ports français ?

Les ports pour la marine de guerre sont :
Sur la Manche, *Cherbourg* ;
Sur l'Océan Atlantique, *Brest*, *Lorient*, *Rochefort* ;
Sur la mer Méditerranée, *Toulon*.

Les ports principaux de la marine marchande ou de commerce sont :
Sur le Pas de Calais, *Dunkerque*, *Calais*, *Boulogne* ;
Sur la Manche, *Dieppe*, *le Havre*, *Granville*, *Saint-Malo* ;
Sur l'Océan Atlantique, *Saint-Nazaire*, *la Rochelle*, *Bordeaux*, *Bayonne* ;
Sur la mer Méditerranée, *Marseille*, *Cette*.

183. Quels sont les ports marchands les plus actifs?

Ce sont ceux de Marseille, de Bordeaux, de Saint-Nazaire et du Havre.

Marseille fait un commerce considérable avec l'*Inde*, la *Chine*, le *Japon*, l'*Océanie*, etc. Le canal de Suez, percé dans l'isthme étroit qui rattache l'Afrique à l'Asie, abrége singulièrement la route de l'Inde et de la Chine : car aujourd'hui les vaisseaux ne sont plus obligés de faire le tour de l'Afrique.

Bordeaux, *Saint-Nazaire* et le *Havre* font un commerce actif avec l'Amérique.

Les colonies françaises.

184. Qu'appelle-t-on colonies ?

On appelle colonies les terres possédées par une nation dans un pays étranger et lointain.

185. Où sont les colonies françaises ?

Les colonies françaises, assez nombreuses, sont disséminées dans les diverses parties du monde. Elles comptent environ six millions d'habitants, sur une superficie qui égale deux fois celle de la France. Plusieurs d'entre elles peuvent acquérir dans l'avenir une importance considérable.

186. Quelles sont les possessions françaises en Asie ?

En *Asie*, la France possède : dans l'Hindoustan, *Pondichéry*, chef-lieu d'un gouvernement, et les villes de *Chandernagor, Yanaon, Karikal, Mahé*; dans l'Indo-Chine, *Saïgon*, chef-lieu de la *basse Cochinchine*.

187. Quelles sont les possessions françaises en Afrique ?

En *Afrique*, la France possède : l'*Algérie*, qui forme trois départements : le département d'*Alger*, celui d'*Oran* et celui de *Constantine*, avec les villes de mêmes noms pour chefs-lieux ; le *Sénégal*, chef-lieu *Saint-Louis*, et l'île *Bourbon* ou de la *Réunion*, chef-lieu *Saint-Denis*.

188. Quelles sont les possessions françaises en Amérique ?

En *Amérique*, la France possède : dans l'Amérique du Nord, les îles *Saint-Pierre* et *Miquelon*; dans la mer des Antilles, entre les deux Amériques, les îles de la *Guadeloupe*, chef-lieu la *Basse-Terre*, de la *Martinique*, chef-lieu *Fort-de-France*, et plusieurs autres petites îles; dans l'Amérique du Sud, la *Guyane française*, chef-lieu *Cayenne*.

189. Quelles sont les possessions françaises en Océanie ?

En *Océanie*, la France possède : les îles

Marquises, l'archipel de *Taïti* et la *Nouvelle-Calédonie*, chef-lieu *Nouméa*.

[L'élève remplacera les ..... des exercices suivants par les mots convenables.]

69ᵉ Exercice.

La France porte dans toutes les ..... des ..... parties du ..... des vins, des ....., des grains, de l'....., du savon, des ....., des toiles, des ....., des tapisseries, des ....., du papier, de l'...., des bijoux, des articles de ....., des glaces, des ......, *etc.*

Elle fait venir des autres ..... du ..... les ..... que ne ..... pas son sol, c'est-à-dire le café, le ....., le cacao, le ....., les épices, les bois de ..... et d'....., le sucre de ..... brut, qu'elle ..... ensuite après l'avoir ..... La France emprunte encore aux autres ..... l'or, l'....., la houille, le ....., le mercure, de la ....., des fourrures, des peaux ....., des chevaux, des ....., des laines, enfin des matières ...., que son ..... transforme en mille ..... divers de toute ......, pour les ..... ensuite dans toutes les régions du ..... Outre les ..... de communication et de ..... que les ..... ont depuis longtemps imaginés, ou qu'offre la ......: chemins ,..., rivières,...., canaux,...., il faut encore citer les voies ..... ou ...... de fer.

70ᵉ Exercice.

Les ports pour la marine de ..... sont : sur la .... C....; sur l'Océan ....., B...., L...., R....; sur la mer ....., T.....

Les ports principaux de la marine ..... ou de .....
sont : sur le Pas de ....., D...., C...., B....; sur la
M...., D...., le H...., G..... Saint-M....; sur l'Océan
....., Saint-N...., la R...., B...., B....; sur la mer
...... M....., C......

Les ports ..... les plus ..... sont ceux de M..., de
B...., de Saint-N..... et du H.....

Marseille fait un ..... considérable avec l'...., la
....., le ....., l'...., *etc.* Le canal de ....., percé dans
l'..... étroit qui rattache l'..... à l'...., abrége singulièrement la ..... de l'..... et de la ..... : car aujourd'hui les ..... ne sont plus ..... de faire le tour
de l'.....

<h3 style="text-align:center">71e Exercice.</h3>

On appelle colonies les ..... possédées par une
..... dans un ..... étranger et .....

Les ..... françaises, assez ...., sont disséminées
dans les ..... parties du ..... Elles ..... environ .....
millions d'habitants, sur une ..... qui égale ..... fois
celle de la ..... Plusieurs d'entre elles peuvent .....
dans l'avenir une ..... considérable.

En Asie, la France possède .....

En Afrique, la France possède .....

En Amérique, la France possède .....

En Océanie, la France possède .....

FIN.